Mathias Friedwagner

Über die Sprache des altfranzösischen Heldengedichtes Huon de Bordeaux

Mathias Friedwagner

Über die Sprache des altfranzösischen Heldengedichtes Huon de Bordeaux

ISBN/EAN: 9783743375895

Hergestellt in Europa, USA, Kanada, Australien, Japan

Cover: Foto ©ninafisch / pixelio.de

Manufactured and distributed by brebook publishing software (www.brebook.com)

Mathias Friedwagner

Über die Sprache des altfranzösischen Heldengedichtes Huon de Bordeaux

Über die Sprache

des altfranzösischen Heldengedichtes

Huon de Bordeaux.

Von

Dr. Mathias Friedwagner.

Paderborn.
Druck und Verlag von Ferdinand Schöningh.
Münster in W., Prinzipalmarkt 1. — Osnabrück.
1891.

Vorwort.

Gegenstand der folgenden Untersuchung ist die Sprache des als V. Band der „Anciens Poètes de la France" im Jahre 1860 von F. Guessard und C. Grandmaison herausgegebenen Heldengedichtes Huon de Bordeaux. Der Name des Dichters ist nicht bekannt. Ort und Zeit der Abfassung haben schon die Herausgeber (Préface, S. II—XVI) zu bestimmen gesucht; auch von anderen Seiten liegen Äufserungen darüber vor. Aber während man über die Heimat dieses Denkmals so ziemlich einig ist, weichen die Ansichten über das Alter desselben weit von einander ab. Eingehender hat sich mit diesem Gegenstande Hermann Bächt (Erlanger Diss., 1884) beschäftigt, ohne, wie uns scheint, zu unanfechtbaren Ergebnissen zu gelangen. Die Wichtigkeit des Denkmals läfst eine weitere Beschäftigung mit demselben als berechtigt erscheinen, und so werde hier der Versuch gemacht, die schwebenden Fragen einer befriedigenden Lösung entgegenzuführen.

Bezüglich der Verszählung ist zu bemerken, dafs die Herausgeber (und mit ihnen Bächt) auf Seite 67 und 68 je eine Zeile zu wenig, auf S. 107 eine Zeile zu viel gezählt haben, so dafs unsere Zählung von Vers 2245 an um eine, von V. 2280 um zwei Zeilen und von V. 3595 wieder nur um eine Zeile voraus ist.

Paris, im August 1890.

M. Friedwagner.

Die Heimat und Entstehungszeit eines Gedichtes von unbekanntem Verfasser zu bestimmen, bietet die Untersuchung der Sprache das einzige Mittel, wofern nicht sein Inhalt Aufklärung bringt. Wohl finden sich auch in unserem Denkmal einzelne Stellen, die als Anspielung auf Zeitverhältnisse gedacht werden können; bevor wir aber diesen Vermutungen Raum geben, wollen wir durch Feststellung der überlieferten und der ursprünglichen Mundart einen sicheren Boden zu gewinnen suchen, auf welchem die Gefahr, sich zu verirren, eine geringere ist.

I.
Versbau.

A. Silbenzählung.

1. Enklisis (Inklination).

Gewisse Wörter, die ihres geringen lautlichen Umfanges und ihrer untergeordneten Bedeutung wegen keinen eigenen Ton haben, lehnen sich bekanntlich im Satze an vorausgehende (Enklisis) oder nachfolgende Tonwörter (Proklisis) an und bilden mit diesen nach den Gesetzen der Satzphonetik eine Wortgruppe, die derselben Behandlung unterliegt wie ein mehrsilbiges Wort: Lat. *e, i, o, u*, ob kurz oder lang, fallen französisch vor der betonten Silbe spurlos ab.[1] Einsilbige Wörter obiger Art, die auf diese Weise ihren Vokal verloren haben, müssen ihren Konsonanten an das vorhergehende Wort, wenn dieses auf einen Vokal endigt, oder an das folgende, wenn vokalisch anlautende Wort lehnen und machen mit demselben, meist auch graphisch,

---

[1] Vgl. Tobler, Vom franz. Versbau alter und neuer Zeit, 2. Aufl. S. 31 ff., und Darmesteter, La protonique en français, Rom., V, 140 ff.

eine Worteinheit aus. Im folgenden möge die Enklisis behandelt werden.[1]

Die Zahl der Kontraktionen ist in unserem Denkmale schon eine ziemlich beschränkte. Es kommen blofs Verbindungen von *le* (*illum, illam*), *les* mit *je, ne, se* (lat. *si* und *sic*), *que* und nur einmal von *qui* mit *les* vor.

Nachstehendes Verzeichnis der Kontraktionen kann bei der grofsen Anzahl der Fälle natürlich kein vollständiges sein; drei Belege für jeden Fall werden, wo überhaupt nötig, im allgemeinen genügen. Nur bei selteneren Formen ist Vollständigkeit angestrebt worden. Die feste Silbenzahl der Verse läfst mit grofser Wahrscheinlichkeit schliefsen, dafs solche Kontraktionen dem Verfasser eigentümlich sind.

Kontraktion des Artikels Sg. Masc. *le* und Plur. Masc. und Fem. *les* findet statt mit den Präpositionen *de, a, en* zu *del, dou* 644, 1179, 2134, *du; al, au; el, ou* 1245, 2455, 3197, *u* 581, 670, 950; *des; as* 46, 161, 211; *es*.

Auch der weibl. Artikel kann in der Gestalt *le*, welche neben der gemeinfranzösischen *la* ungemein häufig auftritt, mit Präpositionen kontrahiert werden, obgleich hier *e* aus lat. *a* vor der Tonsilbe ebenso wie am Wortende erhalten bleiben sollte. Es hat hier die Analogie der männl. Form eingewirkt. Unser Denkmal zeigt nur ein Beispiel für diese sonst nicht gerade seltene Erscheinung: *al boucerie* 4032, während man daneben *de le mort* 858, *de le lance* 1012, *de le pucele* 1512; *a le mer* 14, *a le tere* 890, *a le maison* 1987 etc. findet.

Unkontrahierte Formen des Artikels Sg. Masc. *le* und Plur. Masc. Fem. *les* und der genannten Präpositionen kommen in unserem Denkmale nicht vor; dafs sie, wenn auch selten, nicht unerhört sind, hat nach Förster, Zeitschr. f. rom. Phil., III, 243, auch Tobler, Versbau S. 31, A. 2, gezeigt. Auffallend ist diese Erscheinung immerhin. Von vornherein ist zu erwarten, dafs einsilbige, eines selbständigen Accentes entbehrende Wörter, wie der Artikel, ihre Individualität einbüfsen und mit dem Tonworte zu einem Lautkomplexe verschmelzen. Dieses enge Verhältnis

---

[1] Über diesen Gegenstand vgl. Gengnagel, Die Kürzung der Pronomina hinter vokal. Auslaut im Altfrz., Hallenser Diss., 1882; unser Denkmal ist darin nicht in Betracht gezogen.

muſs in der vorhistorischen Zeit der Sprache untrennbar gewesen sein, und die ältesten Denkmäler geben noch immer Beweise von der Innigkeit dieser Verbindung. Allmählich trat eine Beschränkung der Fälle ein. Viele Wörter wurden unfähig, kleinere an sich zu ziehen, so daſs letztere eine gewisse Selbständigkeit gewannen und fakultativ frei oder kontrahiert vorkommen konnten, bis mit Ende des XIV. Jahrhunderts die letzten Verbindungen — mit Ausnahme des Artikels *le, les* und der Präpositionen *de, a, en* — aufgelöst erscheinen.

Enklitische Pronomina sind *me, te, se, le, les;* in unserem Denkmale aber lehnen sich nur noch *le* (*illum* und *illam*) und *les* (*illos, illas*) an folgende Wörter:

an *je: jel* 270, 1173, 1370; *jes* 281, 295, 1138; *ges* 3105.

ne (lat. *non*): *nel* (*non illum*) 115, 503, 776; *nel* (*non illam*) 2446, 3468, 5212; *nes* 663, 1391, 1622.

se (lat. *si*): *sel* 8887.

se (lat. *sic*, koordinierend und im Nachsatze): *sel* 88, 179, 468, (3419 steht *sel* für *se li*, es ist daher zu bessern *Li devroit on respondre, en non De); sel* (*sic illam*) 2845; *ses* 242, 421, 949.

que (Konjunktion): *quel* (Hs. *qel*) 9181.

qui (Interrogativum): *quis* 494.

Neben diesen Kontraktionen sind auch die offenen Formen gesichert, z. B. *jou le* 111; *je le* 160; *je les* 297; *se le* 130 etc.

Andere als die oben angeführten Zusammenziehungen kommen in unserem Denkmale schon nicht mehr vor. *Quis,* von dem wir bloſs einen Beleg bringen konnten, ist bereits im XII. Jahrhunderte selten [1]; dasselbe gilt von *quel,* welches sich aber noch bei Chrestien de Troyes findet. Die übrigen Kürzungen sind im XIII. Jahrhunderte noch überall anzutreffen, doch nennt Gengnagel die Formen *sel, kil, quel* für die Zeit Ph. Mouskets schon Archaismen.

Der erwähnte Stand der Kontraktionen in unserem Gedichte wird eines der Mittel zur Bestimmung der Abfassungszeit desselben sein.

---

[1] Vgl. Gengnagel, a. a. O., S. 31. Zu *nel = ne la* francisch wäre noch zu vgl. *idem,* S. 22—25, und Tobler, Versbau, S. 32, A. 1; zu *sel =* franc. *se la* vgl. W. Zingerle, Raoul de Houdenc, S. 13.

2. Silbenzählung innerhalb des Wortes.

a) Vokal zwischen Konsonanten.

Da jeder Vokal zwischen Konsonanten silbische Geltung hat, so ist die Silbenzahl gewisser Wörter, die fakultativ einen unbetonten Vokal in konson. Umgebung ausstofsen oder einen solchen (als Hilfsvokal) zwischen schwer aussprechbare Konsonantenverbindungen einschieben können, eine wechselnde. Solcher zweigestaltiger Wörter kommen in unserem Denkmale mehrere vor, teils in einer der möglichen Formen, teils in beiden nebeneinander. So sind z. B. die parallelen Formen von *enfermeté* 3237, *peliçons* 648, *guerredonné* 2023 (nämlich *enferté*, *pliçon*, *guerdonné*) nicht zu belegen, wohl aber folgende Fälle: *courciés* 3360, 7173 neben *coureciés* 124, 170; *andoi* 330 neben *anbedoi* 1564, 1595 etc. (beide für den Nominativ gebräuchlich); *andeus* (Obliqu.) 382, 1810 neben *anbedeus* 309, 345; *feru* 5147 neben *fru* 4745; *Jhrusalem* 2840 statt der häufigeren 4silbigen Form.

Verschiedene Bildungen aber sind: *noble* 26 und *nobile* 24, 76 etc.; *vreté* 28, 87 und *verités* 2916, 3188; *cierté* 3227 und *carité* 2784; *apostles* (Apostel) 1532, 1981, 2027 und *apostoles* (Papst) 2486, 2489 etc. Die kürzeren Bildungen sind meist Erb-, die längeren Lehnwörter.

Doppelformen, wo auch die längeren volkstümlich, aber auf gewisse Gebiete Frankreichs beschränkt sind, zeigen das Fut. und Kond. mancher Zeitwörter der 2. und 3. lat. Konjugation, so z. B. *averai* 7619, 7699 neben *aras* 6423; *deverés* 8898 neben *devrés* 8916; *saverés* 7556 neben *saura* 494; so noch *prenderai* 239, *renderai* 692 etc. Es ist hier ein indifferentes *e* eingetreten wie in *camberiers* 452, *marberins* 1242, 6301, 7314. Umgekehrt werfen das Fut. und Kond. der 1. lat. Konjugation ihr auf *a* zurückgehendes *e* in der Infinitiv-Endung *-er* bisweilen aus, so z. B. *donrai* 954, *jurrai* 1398, *aidrai* 6651 und *demandra* 5986. Beides sind analogische Vorgänge, die neben den ursprünglichen neue Formen mit vermehrter, resp. verminderter Silbenzahl entstehen lassen. In dem der Konjugation gewidmeten Abschnitte wird darüber ausführlicher berichtet werden.

Die bisher an Beispielen in protonischer Stellung vorgeführte Erscheinung der wechselnden Silbenanzahl ist nicht auf diese beschränkt; auch das Hinzutreten oder der Abfall eines unbetonten *e* am Ende gewisser Formwörter hat bei konsonant. Anlaute des folgenden Wortes einen Wechsel in der Silbenzahl zur Folge. Diese doppelte Verwendbarkeit zeigen in unserem Gedichte folgende gesicherte Fälle:

com, con (regelrecht aus *quomodo*) 38, 306, 329; *comme* (durch prov. Einfluſs) 1094, 2722, 6294; *or* 391, *ore* 7318, 10258; ebenso *encor* und *encore*, wo das Schwanken noch heute dauert; *voir* 302, 1148, *voire* (Ausruf) 2385, 4246; *arrier* 2301, *arriere* (Stütz-*e* wie in *pere, emperere*) 387; ebenso *derrier* 5768, *derriere* 1921 (aber nicht gesichert); *sour* 41, *seure* 9227; ebenso *desor* 75 und *deseure* 2672; *desque* (Hs. *desc'a*) 14, 240 und *desques* 1578 (Hs. *desqes*). In anderen Denkmälern wechseln in gleicher Weise *avec* und *avecques*, *tresque* und *tresques* etc.

b) Vokal neben Vokal.

Die Vokalverbindung *ie* der 1. und 2. Plur. Impf. Ind. und Kond. *-iens, -iemes* und *-iés* ist in unserem Gedichte mit ganz wenigen Ausnahmen einsilbig. In dieser Beziehung steht also Huon de Bordeaux auf Seite jener dialektischen Gruppe, die im Gegensatz zur centralen Mundart (wo erst im Laufe des XIII. Jhdts. die Endungen *-ions, -iez* einsilbig werden) diese Vokalverbindung gegen die Regel einsilbig gebrauchte. Bei der grofsen Verwendung dieser Endungen wird man zweifelsohne in gesicherten Fällen der Einsilbigkeit eine dem Verfasser zugehörige Eigentümlichkeit erblicken können, was für die Lokalisierung des Gedichtes wichtig ist.

Die hieher gehörigen Formen sind nachstehend vollzählig verzeichnet:

Impf. Indic.: 1. Plur. *-iens*: *deviens* 371, *cevauciens* 2523, *aviens* 5920; *-iemes*: *doutiemes* 3015, *poiemes* 4331, *estiemes* 5984, 6944, *facieme* 6258, *deviemes* 6947, 8207, 8512, *osiemes* 8208. — 2. Plur. *-iés*: *gisies* 69, *escapies* 597, *avies* 1209, 1708, 1719, 8235, *poies* 1530, *poiies* 5892, 6402, *parlies* 3188, *disies* 3294, 9282, *volies* 5891, 9559, *solies* 6158, *savies* 6366, *esties* 8310, *devies* 8607, *revenies* 9856.

Kond.: 1. Plur. *-iens: vauriens* 3642, *seriens* 4878, 10350, 10374, *oriens* 5948, *iriens* 6197; *-iemes: ririemes* 9141, *seriemes* 10349; *-ions* einsilbig: *prenderions* 8606, aber nicht sicher, da *e* zwischen Muta und Liquida auch nur vom Kopisten herrühren könnte und dann ursprünglich *ïons* zu lesen war. — 2. Plur. *-iés: aries* 743, *iries* 1353, *vorries* 1898, *series* 2279, 4004, *doteries* 3313, *devries* 4204, *troveries* 4238, *verries* 4452, *verries* (*rr = nr*) 9283, *enmerries* 5893, *feries* 9284, 9879. Zweisilbig ist *-ions, -iés* nur in *alïons* 3014, *ariies* 1211, *sariies* 4815, *vauriies* 5890.

Bächt führt auf S. 7 seiner Diss. auch *deussies* 368 unter den Beispielen der Einsilbigkeit von *-ies* an; mit Unrecht, da *-ions, -iés* im Präs. und Impf. Konj. regelrecht und auf allen Gebieten einsilbig waren.

In gelehrten oder nicht ganz volkstümlichen Bildungen gelten zwei im Hiatus stehende Vokale bekanntlich für zwei Silben; erst in späterer Zeit hat diese Regel gewisse Ausnahmen erfahren.[1] Schon Ende des XII. und Anfang des XIII. Jhdts. beginnt das Schwanken. Auch unser Denkmal hat hie und da schon metrisch kürzere Formen, so z. B. *diable* 5112, *diables* 6524, 7133 neben *dïable* 4099, 5753, 6133, *dïasbles* 2318, *dïables* 5533, *dëable* 4802; *Asension* dreisilbig 1545, sehr selten; daneben 2026 viersilbig.

Die Endung *-ien* (lat. *-ianum*) zählt 2 Silben; es entwickelt sich hier das sog. parasitische *i*, daher immer, wie es die Hs. auch thut, *iien* zu schreiben ist: *Juliien* 9, *crestiiens* 4170, *crestiienés* 3887, *crestiienté* 3885, 4265, aber *Orliens* 64, 10063 nur zweisilbig im ganzen, wie auch *Amiens*.[2] Der Eigenname *Gloriant* 3645 ist dreisilbig.

Wenn zwei Vokale nach Ausfall des sie trennenden Konsonanten aneinander treten, gehören sie noch immer verschiedenen

---

[1] Vgl. aufser Tobler, Versbau, S. 67, noch M. Hossner, Zur Geschichte der unbetonten Vokale im Alt- und Neufranzösischen, Freiburger Diss., 1886, S. 54 ff.

[2] Vgl. Förster, Aiol, Anmkg. zu V. 200 und im Glossar; Hossner, a. a. O., S. 59.

Silben an, z. B. *loer* 520, *veés* 4948 etc. So ist reines *e* durch die Assonanz gesichert in *marier* 2459, *mariés* 3080, *escriés* 3373, *guier* 3467, *oublié* 3739, *oblier* 3788, *desfié* 6531; *esquier* 3986 ist wohl in *esquiver* zu bessern.

Wie *i* im Hiatus mit dem folgenden Tonvokal, so bewahrt auch unbetontes (auf lat. *a, e, ĭ* zurückgehendes) *e* in gleicher Stellung seine silbische Geltung: so in den Bildungen auf *-tórem, -túra*, in den schwachen Part. Pf. auf *-átus* etc., z. B. *pecëours* 431, *emperëor* 1610, *lecëour* 4027, *jouglëour* 8304; *alëure* 997, *armëures* 1913; *vëu* 602, *bëu* 3639, *këus* 7226. So auch in Bildungen wie *posteïs* 756, *marcëans* 7208, *ëage* 8510, *abeïe* 8846, wo überall der vortonige Vokal durch Ausfall der Dentalis in unmittelbare Nähe des Tonvokals gerückt ist.

Es finden sich aber auch schon mehrere Fälle, wo *e* in der genannten Stellung geschwunden ist; im Vergleich zu den Formen, wo dieses *e* noch eine Silbe bildet, ist ihre Anzahl verschwindend klein zu nennen, doch möchten wir, im Gegensatze zu Bächt S. 8, nicht anstehen, dieselben für eine Eigentümlichkeit der Sprache des Dichters zu halten: nicht nur weil sie durch das Metrum gesichert scheinen — denn auch dieses gibt uns kein absolut verläfsliches Kriterium — sondern weil jede neue Erscheinung zuerst nur sporadisch auftritt und die Heimat unseres Gedichtes nebst anderen, gleich zu besprechenden Formen eben früher als das übrige Frankreich diese Verkürzung zeigt.[1] Die Belege sind folgende: *poestis* 746, 793, 942, 951, 1675, 2219, *misme* 3955, *mismes* 10328, *connustes* 3051, *benois* 4339, 4351, *abie* 8867, 8889, 9074, 9333, 10309, 10481; diese letztere Form findet sich vorzugsweise in picardischen Texten.[2] Ferner *penance* 5381, *age* 7148, 7596, *jougleur* 7202, 7332, 8284. In *poir* 3439 (für *pooir*) ist das *o* als unbetonter Vokal leicht mit dem folgenden Diphthonge *oi* zusammengeflossen.

Anderer Entstehung jedoch sind die einsilbigen Part. Pf. der 3. starken Konjugation (*debui*-Klasse)[3]: *but* 50, 3689, 10233;

---

[1] Suchier, Z. f. rom. Ph., II, 281, fand die ersten Fälle im Wallon.; etwas später treten sie auch im picard. Gebiet auf.
[2] Vgl. darüber Förster, Aiol, Anmkg. zu V. 872.
[3] Bächt hält an der Erklärung Toblers, Aniel XXVI ff. u. Versbau S. 46, fest.

mut 97; die zweisilbigen *connut* 4390, 5519; *conçus* 3497, 4829 und das dreisilbige *reconnut* 6218. Hier haben wir es mit keiner lautlichen, sondern mit einer rein morphologischen Erscheinung zu thun, wie Suchier, Zeitschrift f. r. Phil., II, 282, gezeigt hat: es ist Anbildung des Part. Pf. an die stammbetonten Formen des Perfekts. Suchier hat bei der Feststellung der Grenzen des *diu*-Gebietes auch unser Denkmal auf die genannte Erscheinung hin untersucht und die Zugehörigkeit desselben zu dem nordöstlichen Sprachgebiete ausgesprochen.

Wie oben erwähnt, herrscht in unserem Denkmale ein Wettstreit zwischen längeren und kürzeren Formen, wobei jedoch die ersteren (älteren) in weit überwiegender Mehrzahl sind. Der Übergang muſs aber nicht gerade durch Verstummen des vortonigen Hiatusvokals stattfinden. Wenn *meismes* 2848 zweisilbig gebraucht wird, so kann das unbetonte Hiatus-*e* schon seine lautliche Geltung eingebüſst, die Schrift aber dasselbe noch erhalten haben; doch ist vielleicht die Annahme zulässig, daſs hier die beiden Hiatusvokale in ein diphthongisches Verhältnis (steigend *ei*) getreten sind, wie in *nient* (*nec + inde*), einsilbig gesichert in 755, 822 (*niens*), 1748, 2215, 2905, 3445 etc., in welchem Worte schon mit Ende des XII. Jahrhunderts ein Zusammenflieſsen der beiden Vokale, begünstigt durch das häufige Vorkommen des regelrecht einsilbigen Diphthonges *ie*, stattgefunden hat. Daneben *niant* 9420 zweisilbig, ebenso *noient* 72, 388, 723, 826 etc.

Eine Folge geringer Betonung im Satze sind die einsilbigen Formen *nes* 3187, 8154 (neben *nis* 2829) und die zweisilbige *mesme* 9994.

Auch der Name des Helden *Huon* wird öfter einsilbig gebraucht, z. B. 310, 360, 554, 575 etc., gewöhnlich aber, wie es der Regel entspricht, zweisilbig, so 5, 24 etc. *Hiaume* 1905, 8071, regelrecht zweisilbig; andere Dichter verwenden es auch dreisilbig.[1]

Schlieſslich wäre noch zu bemerken, daſs Bächt die Formen *noient* und *nient*, *meismes* und *mismes*, *Hu'on* und *Huon* unter *diable* und *diable*, *corecié* und *courciés* etc. anführt, was eine Vermengung verschiedener Vorgänge bedeutet; besser am Platze

---

[1] Tobler, Versbau S. 46; Förster, Richars li Biaus, Anmkg. zu V. 24.

wären sie vielleicht auf S. 8, etwa unter den Beispielen *abeïe* und *abie* gewesen.

3. Silbenzählung an der Wortgrenze.
Hiatus und Elision.

Hieher gehören vokalisch auslautende Wörter vor vokalischem Anlaute. Zählt hier der auslautende Vokal für eine Silbe? — Das hängt von der Natur dieses Lautes ab: betonte Vokale zählen natürlich auch am Ende, unbetonte, mit Ausnahme des *e*, ebenfalls, denn das Altfranzösische kennt die Regel noch nicht, die in der neueren Verskunst das Zusammentreffen solcher Vokale strenge verbietet.

Auch dem unbetonten *e* in auslautender Stellung vor vokal. Anlaut ist die Möglichkeit selbständiger Geltung nicht gänzlich benommen; durch vorhergehende schwere Konsonantenverbindungen erscheint es bisweilen in seiner Selbständigkeit erhalten. Die Bedingungen, unter denen dies anzunehmen ist, sind von Diez, Tobler, Hofmann und besonders ausführlich von Mall in seiner Einleitung zum Computus ermittelt und erörtert worden. Wenn auch die Meinungen über die Zahl der zulässigen Fälle auseinander gehen, so kann doch an dem vereinzelten Vorkommen dieses nicht elidierten *e* kein Zweifel mehr sein. Unser Denkmal weist folgende Fälle auf: *respondre|en* 3419, *France|un* 477, *tere|a* 527, *donne|a* 4188, *poinne|a* 7092, *saintime|abé* 1488; *aloie el* 4692 kann nicht geduldet werden, und Bächt schlägt S. 8 die Einführung von *nen* anstatt des *ne* der Herausgeber vor, also: *Si m'aït Dix, nen aloie el querant.*

Der erste Beleg *respondre en* ist nicht ganz sicher, denn es dürfte kaum gestattet sein, den Dativ *li* an *se* (*sic*) anzulehnen, wie es hier geschieht: *Sel devroit on respondre, en non De* 3419. Vielleicht könnte gebessert werden: *Li devroit on* etc. Die Zulässigkeit des Hiatus möchten wir hier nicht so sehr der vorausgehenden Muta + Liquida, — denn vgl. *pendre et* 243, 2375, 3888, *deffendre et* 4588 etc., wo diese Verbindung also für die Elision kein Hinderuis ist — sondern der starken Interpunktion zuschreiben, die Hiatus des *e* selbst hinter einfachem *r* möglich macht: *biau Sire,* | *endurer* 1952, obzwar hier auch *Sires* gesetzt werden könnte, vgl. 10464 *Te sires est* ‖ . . . .

So bleiben noch immer 5 Fälle des Hiatus von *e* + Vok., die nicht bestritten werden können; denn im Verse 1488 *Por oïr messe de .1. saintime abé* wird man das kleinere Übel wählen, da Hiatus zwischen *de* und *un* unerhört ist. In *saintime* hatte das *m* noch eine gewisse Schwere behalten, da es ursprünglich ein *s* vor sich hatte.

Schwieriger ist die Sache in jenen Fällen zu entscheiden, wo die Frage nach der Flexion hinzukommt. So in *traïtres a* 1255, *traïtres et* 1746, *autres est* 10063, dann in *leres a* 1399, 1632, *lerres a* 1419, *leres i* 4338, *freres est* 2055, 7319, 9699 und *barnages a* 1588. Kann nach einer Liquida, vor welcher die Muta abgefallen ist (*lere, frere*), und nach Palatalis der Hiatus statthaben? Oder soll man das Nom.-*s*, welches ja nur vom Schreiber herrühren könnte, auch schon für den Dichter gelten lassen? — Wie in dem Abschnitte über Deklination gezeigt werden wird, kennt der Dichter auch schon diese jüngeren Formen, und dann ist in den oben gegebenen Stellen von Hiatus eigentlich nicht mehr die Rede.

In älteren Denkmälern hängt die Frage nach der Möglichkeit des Hiatus mit der Erhaltung oder dem Abfalle des flexiv. *t* in der 3. Sing. Präs. Ind. der I. und der 3. Sg. Präs. Konj. der übrigen Konjugationen enge zusammen. Für unser Gedicht jedoch und dessen mutmafsliche Entstehungszeit ist es überflüssig, nach einer Erscheinung zu fragen, die schon mit dem ersten Drittel des XII. Jahrhunderts abgeschlossen ist. Es zählt also das *e* der 3. Sg. vor vokalischem Anlaut nirgends mehr als Silbe[1], z. B. *Miex aimme ases les traïtors laniers* 95, wo die Handschrift wie gewöhnlich die Elision dem Leser überläfst.

Ist das Pronomen *il, ele, on* dem Verb nachgestellt, so könnte auch Hiatus bleiben, doch findet in unserem Gedichte immer Elision statt, z. B. *apele on* 7230 dreisilbig. Es findet sich also noch nicht jenes sogenannte euphonische *t* ein, welches in späterer Zeit durch Einflufs der Verba mit festem *t* (*dit-il, peut-il*) auch in der I. Konjugation Eingang fand. Im Gegenteil fällt das flexiv. *t* der 3. Sg. der II. und III. Konjugation

---

[1] Vgl. Suchier, Auc., II. Aufl., S. 70, 5 und S. 73, A. 2, wonach die Entstehung H. de B. jedenfalls nicht in das XII. Jhdt. fällt, frühestens in das Ende dieses Jhdts.

unbekümmert um den dadurch entstehenden Hiatus auch nach anderen Vokalen ab, z. B. *fu|il* 2091, *oï|on* 9704, *a|il* 777, *a|on* 1700, *dira|on* 1043 etc.

Die Proklitika: *de, le, la* (Artikel und Pronomen), *ma, ta, sa; me, te, se* (als Personal- und Possessiv-Pron.), das Indeklin. *ne* (= *non*) verlieren vor vokalisch anlautendem Tonworte immer ihren Vokal. In *de un saintime abé* 1488 ist demnach Hiatus zwischen *de* und *un* nicht zu dulden. Bei nachgesetztem Personalpron. ist jedoch die Elision fakultativ; unser Denkmal hat aber auch hier immer Elision, z. B. *laissiés le ester* 947, *menés me a* 1195, *voi le Amauris* 1814, *mist l'a se bouce* 3362, *mist le a se bouce* 4483; in den wenigsten Fällen wird die Elision in der Handschrift angezeigt. Etwas anders steht es um *ferai ge en* 2606, da bei *je* auch in der Stellung vor dem Verb diese Freiheit des fakultativen Hiatus besteht.

Fakultativ ist die Elision ferner bei

ne: Elis. 2313, 2371, 3385; Hiat. 94, 207, 226 etc.

se (*sic* = *und*, dann im Nachsatze): Elis. 22, 28, 93; Hiat.
    blofs in der Form *si*: 54, 143, 344 etc.

se (*si* = *wenn, ob, bis*): Elis. 164, 295, 297; Hiat. 205,
    279, 383 etc.

que (Konjunktion): Elis. 9, 30, 131; Hiat. 353, 507, 528 etc.

que (Relativpr. und neutr. Interrog.): Elis. 258, 267, 269
    etc.; Hiat. 535, 898, 1270 etc.

je: Elis., während in anderen Denkmälern auch hier fakult.
    Hiatus vorkommt.

jou: immer Hiatus.

ce: Elision.

çou: immer Hiatus.

Fakultative Elision zeigt ferner der Nom. Sg. des männl. Artikels (durch Einflufs des Acc. *le*): *l'enfes* 516, *li enfes* 531, 541, 820; *l'abes* 624, *li abes* 654, 678, 685; *l'empereres* 2108, *li empereres* 1697, 3007 etc.

Der Nom. Plur. des männl. Art. (*li*) steht immer im Hiatus; das unbetonte Personalpron. Dat. Sg. Masc. und Fem. *li* steht bekanntlich auch immer im Hiatus, den einzigen Fall ausgenommen, wo *en* (*inde*, das mit *illi* eine Worteinheit bildet) folgt:

l'en 3631, 3744, 6235 etc. In *l'estuet* 2443 hat nicht Elision mit *li* stattgefunden, wie Bächt S. 9 annimmt, sondern es liegt hier die Acc.-Form *le* vor.

Qui (Nom. Sg. Relat.) zeigt vereinzelt Elision 1363, 1940, 2749 etc., durch Analogie mit dem Acc. *que* erklärlich; Hiatus 362, 579, 686 etc.

Qui (Nom. Plur. Relat.) zeigt immer Hiatus, ebenso als Interrogativum.

Tu kann in dieser Form nie elidiert werden, wohl aber in der abgeschwächten picard. Gestalt *te:* 739, 1279, 3451, 3492 etc.

Aphärese tritt ein bei *est: u est* einsilbig 8694, *qui est* 10182; in *sainte glise* 214, 410, 564 könnte ebenfalls Aphärese angenommen werden.

Synizese, die Verschleifung zweier Hiatusvokale nach Art eines Diphthonges, wie sie in Denkmälern des Nordostens (vgl. Durmart: *là u*) stattfindet, kommt in H. de B. nicht vor; *là ou* (*ubi*) ist hier stets zweisilbig, vgl. 226, 3449 etc.

B. Versmaſs.

Unser Denkmal ist in Zehnsilbnern, dem üblichen Versmaſse der altfranz. Epik, abgefaſst. Der Text der in vorliegender Ausgabe fast unverändert zum Abdrucke gelangten Handschrift A (Tours) bietet einzelne, unzweifelhaft von dem Schreiber herrührende Alexandriner, die von den Herausgebern mit Hilfe der zweitbesten Handschrift B (Sorbonne 450) ohne Schwierigkeit gebessert werden konnten. Die beiden Verse 29 und 30 wurden nach der Turiner Hs. und, wie Bächt zeigt, unglücklich geändert; die Lesart, welche letzterer (S. 6) gibt, scheint uns annehmbar: *A Pentecouste, le haut jor enforcié, Ens à Paris tint cort Karles li fiers.* Zwei andere Stellen (4960—4963 und 5484 —86) sind jedenfalls späterer Einschub und schwer zu ändern. Den Vers 9378 *Le novel abe ont aveuc aus mené* möchten wir nicht ändern: *abe* als Accus. für *abé* ist wohl ungewöhnlich für ein Denkmal, das sonst noch ziemlich gut erhaltene Deklination zeigt; einige Formen jedoch wie *ancestre* 3538 (als obliquer Kasus verwendet) weisen auch in H. de B. schon auf die anbrechende Regellosigkeit hin.

Noch ist eine Eigentümlichkeit hervorzuheben, obschon sie auch sonst vorkommt. Es kann nämlich *je* den Ton tragen und so in männlicher Cäsur stehen, oder aber tonlos an das vorausgehende Wort sich anlehnen und die nachtonige Silbe einer weiblichen Cäsur sein. Für beide Fälle lassen sich Belege bringen. Betont: *jou* 277, 1363, 2206 etc.; *je* 1718, das Bächt S. 6 ohne Notwendigkeit in *jou* ändert. Tonlos: *je* 1600, 2175, 2251 etc.

C. Assonanz.

Die Assonanzen nähern sich schon sehr dem Reime; die auf den Assonanzvokal folgenden Konsonanten zeigen nur geringe Variationen, und dieses Übergangsstadium deutet darauf hin, dafs wir es mit keinem sehr alten Denkmale zu thun haben.

Was die Kunst des Dichters in Bezug auf den Bau der Assonanzen anbelangt, so ist sie eine ziemlich dürftige zu nennen. Gegenüber der Mannigfaltigkeit der Assonanzen in anderen epischen Gedichten ist hier die Zahl der Assonanzvokale eine ziemlich beschränkte. Am zahlreichsten (40%) sind die Tiraden auf *e* aus lat. *a* (sie zählen zusammen 6423 Verse von 10496 des ganzen Gedichtes); dann folgen in absteigender Reihe *i*, *ie*, *a*, *ã*, *õ*, *u* und mit je einer Tirade *ẽ*, *oi* und die weiblichen *a*. *e*, *ę*. *e*, *i*. *e*. Es sind demnach unter den 91 Tiraden des Gedichtes nur 3 weibliche; der Vokal *ę* und die Diphthonge *ai*, *au* etc. sind in den Assonanzen nicht vertreten. Diese Einförmigkeit hat aufser dem ästhetischen noch den recht fühlbaren anderen Nachteil, dafs uns vieles im Vokalismus der Sprache des Verfassers dunkel bleibt, weil eine treue Überlieferung der ursprünglichen Laute nur in den Assonanzen angenommen werden kann.

Eine tabellarische Übersicht über die Assonanzen unseres Denkmals wird ein deutlicheres Bild geben und als Spiegel der Kunst des Dichters sowohl als seiner sprachlichen Eigentümlichkeiten nicht unwillkommen sein. Auffällige Assonanzworte, mutmafsliche Fehler in der Überlieferung und Bildungen, die auf die Heimat des Verfassers einen Schlufs erlauben, werden der den ersten und letzten Vers einer Tirade bezeichnenden Zahl in Parenthese beigefügt werden.

I. Männlicher Ausgang.

1. *a:* 2640—2667 (alle auf -*a*, ausgen. *mal* 2667)
   3792—3831 (alle auf -*a*)
   4323—4355 (alle auf -*a* mit Ausn. von *natural* 4335)
   4716—4742 (alle auf -*a*, ausg. *entrast* 4726, *escapast* 4727)
   4779—4788 (ebenso, ausg. *conpas* 4781, *brac* 4782)
   5402—5405 (*cevaus : travaus : escas : mas*, vielleicht ursprünglich 2 getrennte Tiraden)
   5464—5476 (auf -*a*, ausg. *esperital* 5472)
   5487—5534 (dasselbe, aufser *trovas* 5501, *pas* 5502, *devenras* 5514)
   5597—5619 (-*a*, aufser *as* 5605, *carças* 5608, *pardonras* 5609)

2. *an* + Kons: 298—325 (*raemant* 298 geht noch an, aber *cortoisemant* 325 entschiedene Vermischung)
   1082—1233 (*cent* 1100, *cortoisemant* 1107, 1114; *apertemant* 1127, *arpent* 1138, *gent* 1154, 1193; *belemant* 1182, *vraiemant* 1185, 1196; *rant* 1198, 1213; *laidemant* 1206, *vant* 1207, *Vinçant* 1208, *vistemant* 1216)
   1282—1360 (*onipotant* 1288, 1301 ginge noch; *pavemant* 1286, *Vinçant* 1294, *gant* 1296, *isnelement* 1315, 1360 (-*mant*), *vraiemant* 1324, *rant* 1357)
   2937—3042 (*onipotent* 2964, 2976 (-*tant*), 2982, 2987 (-*tant*), 3016 (*tant*); *veremant* 2966, *gant* 2968, *erremant* 2977, 2993; *conmencement* 2981, *tormant* 2990, *casemant* 3000, *jovant* 3005, *apent* 3007, *gant* 3009, *seuremant* 3014, *longemant* 3022, *esforcement* 3038)
   4626—4715 (*gant* 4628, *longemant* 4649, *onipotant* 4653, *tormant* 4662, *escortremant* 4664, *simplemant* 4665, *malemant* 4671, *garnemens* 4680, *vraiemant* 4693, *hardemant* 4712)
   5406—5408 (*ensiant : talant : bevant*)
   5700—5729 (*hardemant* 5713, *gent* 5724, *torment* 5725, *erroment* 5726)

5977—6011 (*argent* 5978, 5997; *apent* 5985, *onipotent* 5989, *vicument* 5990)

7043—7063 (alle *an* + Kons.)

3. *en* + Kons.: 6507—6530 (*amirant* 6511)

4. *e* (aus lat. *a*): 520—554 (*bachelier* 553 in -*er* zu bessern)

1457—1489

1689—1716

1754—2042

2244—2609

2682—2936

3043—3286 (*esclicer* 3273 soll wohl *esclicier* heifsen und pafst dann nicht hieher)

3326—3536 (*maseliers* 3464 ist in *maiselers* zu bessern, vgl. 6674; *pilier* 3528 soll *piler* heifsen, vgl. 3600, 5087)

3550—3586

3596—3791

3832—4128 (*esquier* 3986 ist wohl *esquiver* gemeint; *loiier* 4027 pafst nicht in die Asson.)

4176—4322

4356—4612

4743—4778

4789—4947

4948—4963 (unzweifelhaft vom Spielmann zwischen die vorausgehende und nachfolgende Tirade eingeschoben)

4964—5326 (*baudrier* 5177 ist in *baudré* zu bessern, vgl. 2933 und prov. *baldrat*)

5351—5401

5412—5463

5477—5486

5535—5548

5564—5596

5620—5699

5730—5976

6026—6506 (*respités* 6231, dessen *i* aus *iei* von der betonten in die vortonige Silbe übertragen worden ist, könnte *respitiés* ergeben. Vgl. jedoch Tobler, aniel XXX)

6531—6705
6718—7042
7064—7096
7101—7228
7250—8389 (*enpiré* 7719; sollte es nicht *enpirié* erwarten lassen, worauf das Wort allerdings nicht in die Assonanz pafste?)
8443—8885
8906—9111
9254—9445 (*pilé* 9389 ist in *piler* zu bessern)
9522—9587
9639—9927
9977—10025
10057—10496 (*crimineus* 10223, vgl. 8728 *creminés*)

5. *ié*: 20—297 (*esté* 81 nicht möglich, Bächt schlägt *regnier* vor; *iretiés* 166, wofür *iretés* zu erwarten stünde, das allerdings dann nicht hieher pafste)
326—519 (*espiex* 501)
555—581 (*encontrer* 557, wofür wohl das Substant. *encontrier* zu setzen ist)
3287—3325 (*viex* 3302, es soll *vies* = *vĕtus* stehen)
3587—3595
4129—4175
6012—6025
8886—8905
9588—9638 (*irés* 9606, Fut. zu *aller;* es ist hier das ursprüngliche *vous n'ires nient* der Hs., wo die Herausgeber mit Unrecht geändert haben, wieder einzusetzen)
9928—9944 (*acorder* 9938 kann hier nicht stehen)

6. *i*: 582—1081 (*cit* 598, im ganzen 9 mal; *engenuï* 628; *mi* 633, im ganzen 17 mal in dieser Tirade; *veïr* 729, *poestis* (-*ivus*) 746, 793, 942, 951; *posteïs* 756; *gentis* (-*īl*+*s* wird nicht zu -*ius*) 790, *aidir* 851; *li* (Pron. pers.) 853, wofür die betonte Form *lui* einzusetzen ist; *ti* 854, 933; *loisier* (lies *loisir*) 909, *caï*

914, *aidis* 954, *hastis* 995, *seïr* 1015, 1069; *poostis* 1047)
1234—1281 (*veïr* 1239, *seïr* 1269)
1361—1456 (*lui* 1374; *li* 1379 soll *lui* heifsen; *mi* 1389, *ti* 1411, *caïr* 1416)
1490—1688 (*veïr* 1521, 1650, 1681; *ti* 1539, *cit* 1608, *mi* 1615, 1659; *caï* 1621, *engenuï* 1637, *poestis* 1675)
1717—1753 (*lui* 1738)
2043—2243 (*ti* 2050, 2175, 2227; *gentis* 2057, 2063, 2099, 2226; *herbi* 2079 für *herbier* (*herbarium*); *mi* 2085, im ganzen 12 mal in dieser Tirade; *respit* (*iei* = *i*) 2125; *vis* 2172 = *vivus*, im ganzen 4 mal; *cit* 2170, *lui* 2189, *seïr* 2197, *poestis* 2219, *veïr* 2222)
2668—2681
4613—4625
5549—5555
8390—8442 (*mautalentis* 8406, *fis* (*filios*) 8422)
9945—9963 (*seïr* 9946, *veïr* 9953, *estris* (*estrif* + *s* = deutsch *strît*) 9954)

7. *on:* 5327—5350
5409—5411
6706—6717
7097—7100 (*dolour* 7100)
7229—7249
9446—9521 (*tesmoing* 9516)
9964—9976
10026—10056 (*besoing* 10043)

8. *oi:* 5556—5563 (*loit* 5558, vielleicht = *loi* mit unberechtigtem *t*, was auf Verstummen dieses Kons. im Auslaut schliefsen läfst. Die Frage, ob *oi* aus *ei* mit *oi* aus *o* + *I* assonieren kann, bleibt also unentschieden)

9. *u:* 3537—3549 (*aïut* 3543, Konj. Präs. von *aidier; herbu* 3544)
9221—9253 (*mëus*, Part. Pf. von *movēre*, 9223; *arestëus* 9238, *aconsëu* 9229).

II. Weiblicher Ausgang.

1. *a*. *e*: 1—19 (-*age* und -*aige* gemischt; aber *fache* 1 u. *Cesare* 9)
2. *ę*. *e*: 2610—2639 (*ę* aus lat. Positions-*ĕ*; *apiele* 2621 gehört dem Schreiber, da der Dichter die Diphth. des *ę* nicht kennt, vgl. *requerent* 2635. Mit *ę* aus lat. Pos. -*ĭ* findet sich blofs *ancele* (*ancillam*) 2638, wodurch noch nicht erwiesen ist, dafs die Resultate von lat. Pos.-*ĕ* und Pos.-*ĭ* assonieren)
3. *i*. *e*: 9112—9220 (-*íe* = *iée*, so *maisnie* 9113, 9153, 9164 etc.; ferner Part. Pf. von Verben auf -*ier* in Assonanz mit *dire, folie, Marie, nobiles* etc. Dieser mundartliche Zug gehört demnach sicher dem Verfasser an).

II.
Vokalismus.

A. Betonte Vokale.

Die Mundart, in welcher uns ein altfr. Denkmal überliefert ist, kann bekanntlich nicht von vornherein für die ursprüngliche angesehen werden. Letztere trotz der manchmal weitgehenden Veränderungen, welche sie unter den Händen der Abschreiber erlitten haben mochte, wenn auch nicht mit absoluter Sicherheit, so doch mit grofser Wahrscheinlichkeit zu bestimmen, haben wir zwei Mittel: die feststehende Silbenzahl im Verse und die Assonanz. Mit Hilfe derselben wollen wir — unter steter Berücksichtigung der überlieferten Mundart — die ursprünglichen Lautverhältnisse darzulegen suchen.

A.

Lat. *a* in freier Stellung ergibt durchwegs *e*; der Nachlaut *i* zeigt sich nirgends, und wenn wir an einer der Hs. *B* entlehnten Stelle *diversiteit* 4630 finden, so kommt dies nicht in Betracht, da letztere Hs. um zwei Jahrhunderte jünger ist und einen anderen Dialekt aufweist.

Zu weiteren Bemerkungen gibt die überlieferte Sprache keine Veranlassung.

Der Vokal *e* aus lat. *a* ist nicht weniger als 37 mal Träger der Assonanz; doch sind es fast immer dieselben Endungen, dieselben Worte, welche wiederkehren. So das Suffix -*alis: canpel* 2540, *campel* 2767, *carnel* (Hs. *carné*) 2756, *venel* 4098, *principel* 8155; -*aris: bachelers* (Hs. -*iers* ist zu bessern) 553, *piler* (Hs. *pilier* zu bessern) 3528, 3600, 9389 (Hs. *pilé* zu bessern), *soller* 3184, *sengler* 2902 etc. Im Neufr. haben diese Wörter das ursprüngliche Suffix -*er* (-*aris*) mit -*ier* (-*arius*) vertauscht.[1] Beide Bildungen neben einander zeigen *chevalier* 26, 35, *candelers* 5629, mit welchen *chevaler* und *candelier* gleichberechtigt sind. Suffixtausch fand statt bei *baudrier* 5177, doch ist hier -*e* einzusetzen, vgl. *baudré* 2933, 7736, 8052 etc. (prov. *baldrat*). Desgleichen ist auch *maseliers* 3464 zu verbessern, da die Assonanz eine Bildung auf -*aris* (*maxillaris*) fordert und eine solche thatsächlich sich findet, vgl. *maiselers* 2355, 6674, 8835, *maselers* 5739, *maseler* 5744 etc. Blofs scheinbare Suffixvertauschung liegt vor in *crimineus* 10223 und *carné* 2756, 10377; das erste Wort ist *criminels* mit sog. vokalisierten *l*, welches sonst ausfällt, vgl. *creminés* 8728; das zweite ist auch nicht auf ein **carnatum*, sondern auf *carnalem* zurückzuführen. Beide Stellen sind zu bessern: *criminés, carnés* resp. *carnel*. Das Verstummen des auslautenden Kons. macht solche Schreibungen begreiflich. Schwierigkeiten macht *iretiés* 166, das formell kaum richtig ist. Die regelrechten Bildungen *iretier* 25, *iretés* 2246, *ireté* 2783, also Ableitungen mit den Suffixen -*arium* und -*itátem*, sind die gewöhnlichen und stehen richtig erstere in *ié-*, letztere in *e*-Assonanzen. Sollte vielleicht Analogie mit anderen Wörtern auf -*té*, wie etwa *amistié, pitié*, welche Nebenformen *amisté* und *pité* besitzen, ein *iretié* neben *ireté* hervorgerufen haben? Immerhin ist es schwierig, den Vers *Jou li rendroie toutes ses iretiés* 166 zu ändern.

Noch ist eine seltene Bildung vom Stamme *duc-* zu erwähnen. Neben dem gewöhnlichen *duchié* gibt es eine zweite Ableitung *duceé*, welche dreimal in *e*-Assonanz vorkommt: 3111,

---

[1] Über diese Erscheinung vgl. Tobler, Jahrb. f. rom. u. engl. Sprache u. Litt., XV, 261 ff.; Förster, Z. f. d. öst. Gym., 1874, S. 137.

8770, 9025. Es ist dies eine späte, analogische Bildung, gleichsam *duc-itatem.¹ Die beiden sind also Doubletten. Im Anschlusse an die doppelten Bildungen *chevaler* und *chevalier*, *candeler* und *candelier* sei noch eine Reihe von Wörtern angeführt, die, ohne mit verschiedenen Suffixen gebildet zu sein, sowohl in e- als auch in ie-Assonanzen verwendbar sind. Meist handelt es sich hiebei um das Eintreten oder Wegbleiben des sog. parasit. *i* vor dem *e* (aus lat. *a*). Da die Bedingungen für das Eintreten dieses Vokals durch ihre gesetzmäfsige Strenge bekannt sind, so mufs das Schwanken dieser Wörter als dichterische Freiheit aufgefafst werden.

In *e*-Assonanz: *malvaisté* 1473, 2428, 2542; *amisté* 2709, 2824, 3614; *pité* 2280, 2498, 2692; *iré* 1850, 1897, 1938; *aïrés* 3269, 4478, *aïrer* 8918; *oublier* 10460, *oblié* 10155 etc.

In *ie*-Assonanz: *malvaistié* (Hs. -*té*) 9941, *amistié* 163, *amistiés* 428, 434; *pitié* 252, 381, 466; *irié* 78, 93, 96; *aïriés* 352, *obliier* 9590 etc.

Blofs in *e*-Assonanz stehen *regné* 1966, 1979, 2261; *rené* (von dem vorhergehenden Worte nur graphisch verschieden²) 2458, 2469 etc. Das lat. Impf. *erat* erscheint in der Asson. stets in der undiphth. Gestalt *ert* 3688, 4774, 4812 etc., nur einmal im Versinnern *iert* 2749. Daselbst zeigen die übrigen Personen des Impf. sonst nie den Diphthong: *eram = ere* 140, 9282, 9460; *erant = erent* 6104, 8189. Aber auch das Fut. erscheint in der Regel undiphthongiert: *eres* 4608, *ert* 386, 529, 645; *erent* 9453; vereinzelt mit *ie*: *iert* 197, 216, 569, 8905 in Assonanz; 2398, 9990 etc. im Versinnern. Obgleich die betonten Vokale dieser zuletztgenannten Wörter nicht auf lat. *a* zurückgehen, müssen

---

¹ Darmesteter, Rom., V, 150, Anm. 1; Körting, Lat.-rom. Wörterb., 2711.

² In *regné* ist *gn* nicht *ñ*, sondern nur etymologisierende Schreibung für *rené*; wohl aber kann *regné* auch mit *ie* assonieren, vgl. Vollmöller, Münch. Brut, S. XXI, und Mebes, Über Garnier von Pont Sainte-Maxence, S. 41. Vgl. dazu ferner Förster, Rich. li Biaus, S. XIII, A., wo auch über *pité* und *pitié* etc. gehandelt ist.

Neben *regné* (prov. *regnat*) steht in den *ie*-Asson. unseres Gedichtes noch die Bildung *regnier* 77, *renier* 207, die auf *-arium* zurückzuführen wäre, wenn man nicht lieber annimmt, dafs der Schreiber hier wie so oft *-ié* mit *-ier* wechseln läfst, vgl. auch *pilé* 9389 für *piler*.

sie hier angeführt werden, da bekanntlich in diesen (wie auch noch in einigen anderen) Fällen das *e* aus lat. *ĕ* mit *e* aus lat. *a* assoniert.

Lat. *a* vor gedecktem *n* in seinem Verhalten gegenüber *e* in gleicher Stellung ist eine der wichtigsten Fragen in der Lautgestaltung unseres Denkmals, einer jener Punkte, die bei der Suche nach der Heimat des Verfassers in erster Linie zu berücksichtigen sind,

Das Normännische, Picardische und Wallonische scheidet, wie bekannt, die Wortausgänge auf -*an* + Kons. und jene auf -*en* + Kons. in Assonanz und Reim strenge von einander, während diese beiden Laute im Centralfranzösischen und Lothringischen schon früh, und zwar zu gunsten des ersteren vermengt worden sind und dieser Übergang von -*en* + Kons. zu *ā* auch in der Schreibung seinen Ausdruck gefunden hat. Es gibt aber für die nördlichen Mundarten eine kleine Anzahl von Wörtern, welche in beiden Arten von Assonanzen gefunden werden, und deren jeweiliges Vorkommen noch nicht die Vermischung der beiden Laute *an* + K. und *en* + K. bedeutet. Teils sind es Wörter, für welche man mit einiger Berechtigung zwei verschiedene Etyma annehmen darf, z. B. *talent* neben *talant*, *dolent* neben *dolant* etc., teils solche, bei welchen sich trotz des feststehenden Etymons eine doppelte Verwendbarkeit herausbildete, wie z. B. bei *tans* (*tempus*) neben *tens*, *sans* (*sensus*) neben *sens* und in entgegengesetzter Richtung *cravente* (*crepans*, *crepantare) neben *cravante*. Diese kleine Gruppe zeigt übrigens ihre doppelte Verwendbarkeit auch im Centralfrz., als mit Ende des XII. Jahrhdts. die Scheidung daselbst auf künstlichem Wege wieder eingeführt wurde, trotzdem die Aussprache beider Wortausgänge schon lange identisch war.

Es handelt sich hiebei um die Wörter *tans*, *sans; talant*, *dolant*, *sanglant; sergant*, *esciant*, *noiant*, *oriant; covent* (*covenant*); seltener *parant; cravent* (3. Sg. Konj. Präs.); mit weiblicher Endung *esample*, *covenance*, *presance*, *penitance*. Seltener und meist nur in picard. Denkmälern in beiderlei Assonanzen auftretend: *dans*, *dedans*, *ensanle*, *tramble*, *famme*. Die Schreibung richtet sich meist nach der des Wortes, mit welchem die Bindung stattfindet.[1]

---

[1] Zu vergl. über diesen Gegenstand P. Meyer, Mém. de la soc. de

Der Schreiber der Hs. A scheidet *an* + Kons. und *en* + Kons. bis auf folgende Ausnahmen: *tans* (*tempus*) 7, 1909, 2472 etc.; *tramble* 56, *tranble* 637, *trambler* 10267, *sans* (*sine*) 119, 129; *sen* (*id.*) 8049, *sanloit* 594, *sanlant* 994, *sanblant* 1215, *ensanble* 622 und so alle Bildungen von *simil-*; *atandés* 6782, *an* (*inde*) 7102, *sangler* 7405, *penitance* 2547; in anlautender unbet. Silbe: *anui* 116, *anoia* 2650, *anoier* 8900, *anemi* 1540. Diese Ausnahmen kehren jedoch in den meisten pic. Gedichten und Urkunden wieder, reimen und assonieren bald mit *an*, bald mit *en*[1] und können demnach nicht als Beleg dafür angeführt werden, dafs der Schreiber beide Laute im allgemeinen gleichstelle. Wie aber kommt es, dafs er in den Assonanzwörtern oft eine Schreibung anwendet, welche er in der Zeile meidet? Wir finden, wie aus der Assonanz-Tabelle ersichtlich, *cortoisemant* 325, *apertemant* 1127, *vant* 1207, *gant* (*gentem*) 1296 etc. geschrieben; doch könnte dies deshalb geschehen sein, um für das Auge reine Assonanzen herzustellen. Wenn er aber Wörter auf -*en* auch in solchen Assonanzen mit -*an* schrieb, wo dies seinem ursprünglichen Zwecke, der Angleichung für das Auge, gerade zuwiderläuft wie bei *hardemant* 6514 in *en*-Assonanz, so mochte ihn eben der Trieb nach Uniformierung, der ihn früher geleitet, zu weit fortgerissen haben: was vordem recht war, wurde hier schlecht. So sind auch *cravant* 6512, *noiant* 6513 und *dolant* 6515 ohne Not und blofs gewohnheitsmäfsig mit -*ant* geschrieben, wo die Assonanz, und in den beiden letzteren Fällen auch das Etymon, auf -*ent* wies. Nichtsdestoweniger wird man annehmen müssen, dafs der Sprache des Schreibers eine Vermischung fremd ist, da ja dergleichen im Innern des Verses, wo er durch keinerlei Rücksichten gebunden war, nicht vorkommt.

Dafs umgekehrt Wörter auf etymol. *an* mit *en* geschrieben sind, spricht auch nicht für die Vermischung im allgemeinen; es trifft dies nur einzelne Fälle, wo dann allerdings dieser für das Picardische charakteristischen Schreibung ein thatsächlicher Laut-

---

ling. I, 244 „*an* et *en* toniques"; Suchier, Bibl. norm., I, 69—71; und über unser Gebiet speciell H. Haase, Das Verhalten der pic. und wallon. Denkmäler des Mittelalters in Bezug auf *a* und *e* vor gedecktem *n*, (Diss.), Halle, 1883, S. 44.

[1] Vgl. Haase, a. a. O., S. 41 ff.

übergang entspricht. In betonter Silbe kommt dies in unserem Gedichte nicht vor, bisweilen aber in vortoniger, doch immer auf dieselben wenigen Worte beschränkt, z. B. *encor* 14, *Braibençons* 32, *Englois* 36, 1563, *mengier* 43, 138, 275, *mengié* 50, *menguë* 3626, *mengai* 3211, *mengas* 1948 etc. Viel seltener ist hier die Schreibung *an: mangier* 267, 4028, *manga* 7019, *mangast* 9641 etc.

In wallon. Denkmälern, so in den Dialogen des Papstes Gregor (Lüttich), ist die Schreibung *an* in Wörtern mit etymol. *en* (*tans, sans*) nicht zu finden; der Schreiber der Hs. *A* dürfte also nicht im östlichen Teile des picard. Sprachgebietes im weiteren Sinne zuhause gewesen sein.

Sind schon bei der Untersuchung der überlieferten Mundart in Bezug auf *an* und *en* einzelne Züge aufgefallen, die in teilweisem Gegensatze stehen, so ist dies in den Assonanzen noch mehr der Fall. Unter den 9 Tiraden auf *an* + Kons. sind blofs 2 (5406—5408 und 7043—7063) von entschiedener Vermischung frei; von diesen enthält die erstere nur die 3 Assonanzwörter *ensiant, talant, bevant*, die andere ist auch verhältnismäfsig kurz, so dafs hier die Scheidung der beiden Ausgänge nur Zufall sein könnte. Die übrigen 7 Tiraden aber zeigen, nicht eben vereinzelt, Wörter auf *en* + K. eingestreut, und die Zahl der nicht auf *an* zurückführbaren Bildungen erreicht einmal (Tirade 2937—3042) ein Maximum von mehr als 12%.

Aus der Assonanz-Tabelle ist zu ersehen, welches die Wörter auf *en* + Kons. sind, die eine entschiedene Vermischung begründen; dort sind auch sämtliche Belegstellen gegeben.

Sieht man von den in doppelter Richtung verwendbaren Wörtern ab; überträgt man diese Freiheit im Gebrauche auch auf *raemant* 298 (*redĭm-antem neben *-entem*), *presant* (5712 *en presant* „gegenwärtig" in *an-*, 6521 *un moult rice present* „Geschenk" in *en*-Assonanz), *onipotent* (2964, 2982, 5989 in *an*-Asson. u. 1288, 1301, 2976 etc. auch *-ant* geschrieben, aber 6527 in *en*-Ass.), bei welch letzterem Worte trotz der fremden Gestalt doch auch die Part.-Endung *-ant* angenommen werden kann: so bleibt noch immer eine zu grofse Zahl von Wörtern auf etym. *en*, um von Ausnahme oder dichterischer Freiheit sprechen zu können.

Das Verhältnis von *an* zu *en* in den Asson. ist, in Zahlen ausgedrückt, folgendes:

$$\frac{an}{en} = \frac{27}{1}(V.298-325), \frac{137}{15}(V.1082-1233), \frac{72}{7}(V.1282-1360),$$

$$\frac{93}{13}(V.2937-3042), \frac{81}{9}(V.4626-4715), \frac{3}{0}(V.5406-5408),$$

$$\frac{26}{4}(V.5700-5729), \frac{31}{4}(V.5977-6011), \frac{21}{0}(V.7043-7063).$$

Hiebei wurden die schwankenden, doppelgiltigen Wörter denen auf entschiedenes *an* beigezählt; dafs in dieser schwierigen Frage mit möglichster Objektivität vorgegangen wurde, mag aus dem Verzeichnisse aller Bildungen, für welche wir die Möglichkeit einer doppelten Verwendung annahmen, ersichtlich sein.

In *an*-Assonanzen: *sans* (*sensus*), *talant, mautalant, dolant, sanglant, noiant, ensiant, sergant, Oriant, Bocidant, convenant* (das Part. Präs. *covenant* 2975 und *convenant* 1143 kann dagegen nur in *an*-Asson. verwendet werden, vgl. Förster, Rich. li Biaus, S. XIX), *presant, onipotant* und *cravant*.

In *en*-Assonanzen: *dolant, noiant, Orient, Bocident, present, onipotent, cravant*.

Wenn wir also von den eben genannten Wörtern absehen und doch in *an*-Ass. noch eine Anzahl anderer auf *en* antreffen, so ist von einer Scheidung der beiden Ausgänge in Huon de Bordeaux nicht mehr die Rede.

Vergleichen wir andere Denkmäler des Nordens, so finden wir, dafs nur wenige ganz frei von Vermischung sind. Unter den von Haase als dichterische Freiheit bezeichneten Fällen der Vermischung sind einige, die auch in unserem Gedichte vorkommen, und welche wir besonders namhaft machen wollen. Es sind: *gant* (*gentem*) 1296, 2968, 3009, 4628, *gent* 1154, 1193, 5724, schwankt im Heraclius des Gautier d'Arras, in der Chans. d'Antioche (Flandern), in Graindor de Douai und Gautier de Coincy etc.[1]; *argent* 5978, 5997, schwankt im Veilchenroman des Girbert de Montreuil (Aufg. des XIII. Jahrhunderts), in der Chans. d'Antioche und dem eben citierten

---

[1] Vgl. Haase, a. a. O., S. 46, A. 1.

Graindor de Douai; *vant* 1207, ebenfalls nach 2 Seiten hin verwendet in der Ch. d'Antioche etc.; *tormant* 2990, 4662, *torment* 5725, findet sich auch in den *an*-Asson. der 3. Redaktion des Alexiusliedes (Flandern), wo es aber von G. Paris, S. 270 seiner Ausgabe, als Fehler des Dichters oder Schreibers erklärt wird. Der Umstand, dafs manche dieser entschiedenen Vermischungen bei diesem oder jenem Dichter ausnahmsweise vorkommt, kann jedoch an dem Gesagten nichts ändern. Denn wenn der Verfasser unseres Denkmals sich so viele „dichterische Freiheiten" herausnahm als alle die genannten zusammen; wenn er überdies *rant* (*rendere*), *apent* (*-pendere*) etc. in *an*-Asson. zu verwenden sich erlaubt, so wird die Freiheit zur Regellosigkeit, und von einer Scheidung der beiden Ausgänge kann nicht mehr die Rede sein. Diesen mundartlichen Zug müssen wir also dem Verfasser unseres Gedichtes absprechen.

Weist dieser Umstand nicht auf die Picardie als Heimat unseres Dichters, so kann er vielleicht doch auch nicht als Beweis gegen dieselbe angesehen werden. Betrachten wir vergleichsweise noch den Aiol, welchen Förster, Einleitg. XXIX, ohne Bedenken der Picardie zuweist. Die Assonanzen dieses Gedichtes mischen ebenfalls bald mehr, bald minder die Ausgänge auf *-an* und *-en*. Wir wollen indes nur den älteren Teil dieses Denkmals untersuchen; Förster hat die betreffenden Assonanzen in seiner Tabelle mit einem Sternchen versehen. Die Verhältniszahlen von *an* und *en* sind folgende:

$$*322 \left(\frac{4\ an}{34\ en}\ \text{V. } 322-359\right),\ *360 \left(\frac{71\ an}{8\ en}\ \text{V. } 360-438\right),$$
$$*2377 \left(\frac{69\ an}{5\ en}\right),\ *2652 \left(\frac{82\ an}{1\ en}\right),\ *3189 \left(\frac{18\ an}{0\ en}\right),$$
$$*4210 \left(\frac{24\ an}{2\ en}\right),\ *4477 \left(\frac{6\ an}{6\ en}\right),\ *4894 \left(\frac{12\ an}{1\ en}\right).$$

Hier erreicht die Zahl der eingestreuten *en* sogar einmal 50%, während das Maximum in Huon de B. nur wenig über 12% betrug. Auch die übrigen Tiraden im Aiol zeigen einen ziemlich hohen Prozentsatz. Wenn ein so bedeutender Forscher wie Förster trotzdem nicht ansteht, den Aiol als picard. Denkmal zu erklären, wird man wohl auch die konstatierte Mischung der beiden Wortausgänge in unserem Denkmal an sich nicht schon als Argument gegen picard. Ursprung desselben anführen können.

Charakteristisch ist die Behandlung des lat. Suffixes *-aticum*. Die Hs. hat dafür *-aige*, viel seltener *-age*; das genaue numerische Verhältnis ist 79 : 27. Meist tritt ein und dasselbe Wort in beiderlei Schreibungen auf, einige haben jedoch konsequent *-aige*.

Auch in der einzigen weibl. *a*-Tirade stehen diese Schreibarten gemischt, doch ohne hiedurch einen lautlichen Unterschied begründen zu können. Ein solcher wäre vom Schreiber in ein und dieselbe Assonanz nicht hineingetragen worden. Wenn wir aber *-aige* und *-age* der Hs. für zwei verschiedene Darstellungen eines einzigen Lautes ansehen müssen, so folgt daraus keineswegs, dafs der Schreiber darunter denselben Laut verstand wie der Dichter; es ist sogar wahrscheinlich, dafs die Vertretung des lat. *-aticum* in der Zeit und Gegend des Kopisten ganz anders klang, als der Verfasser sie gesprochen.

Bevor wir die Natur dieses Lautes näher untersuchen, seien hier sämtliche in Assonanz stehende Wörter dieses Ausganges angeführt: *ymage* 2, *lignaige* 3, *coraige* 4, *vaselaige* 5, *sauvaige* 6, 10, 14, 17, *boscage* 7, *segnoraige* 8, *iretaige* 11, *eaige* 12, 18, *muraige* 13, *sage* 15, *visaige* 16, *barnaige* 19. Es sind dies lauter Bildungen derselben Art, so dafs wir aus ihrer Gegenüberstellung keinen Schlufs ziehen könnten, wenn in derselben Tirade nicht noch *fache* 1 und *Cesare* 9 stünde. Mit *fache* ist uns aber nicht geholfen; denn Texte, in denen *-aige* die gewöhnliche Vertretung von *-aticum* ist, haben auch *faiche*, *faice*.[1] So liegt die Entscheidung bei *Cesare* 9; doch auch diesem Worte dürfen wir nicht unbedingt trauen. Im Lothringischen und Burgundischen, wo *-aige*, *faice* etc. so recht eigentlich zuhause sind, trotzdem sie sich vereinzelt im ganzen Norden bis nach Ponthieu hinüber belegen lassen,[2] kann betontes *a*, freilich meist im Auslaut, aber nicht auf diesen beschränkt, zu *ai* werden;

---

[1] Vgl. Förster, Z. f. d. öst. Gym., 1874, S. 136, u. Chev. as II esp., S. XXXIII; Apfelstedt, Lothr. Psalter, S. XIII, § 15; Zemlin, der Nachlaut *i* in den Dialekten Nord- und Ost-Frankreichs, (Diss.), Halle 1881 S. 20 ff.

[2] Vgl. Fritz Neumann, Zur altfr. Laut- und Flexionslehre, S. 12.

und im Versinnern findet sich thatsächlich *lai* 7104 und *sai ne lai* 7105, unbetont *Braibençons* 32, *Baiviers* 34, so dafs uns ein *Cesaire* eben auch nicht befremden würde. Liefse man diese möglichen Formen *faiche* und *Cesaire* neben -*aige* gelten, so hätte man es nicht mehr mit einer *a. e*-, sondern mit einer *ai. e*- (phonetisch vielleicht schon *ę. e*-) Assonanz zu thun. Dies ist aber unwahrscheinlich. Wenn man nicht lieber -*aige* für -*age* als Eigentümlichkeit des Kopisten gelten lassen will, der gewohnheitsmäfsig die ihm geläufigere Form -*aige* einsetzte, was bei der seinerzeit wahrscheinlich noch diphthongischen Aussprache nicht gegen die Assonanz verstiefs: so kann man sich für die Auffassung Neumanns entscheiden, dem Suchier[1] nicht widersprochen hat. Neumann gibt[2] weder die Aussprache -*ęge*, noch die von Knauer (Jahrbuch, VIII, 38) gegebene Erklärung zu, nach welcher *aige* = *age*, d. h. *ig* = *g̓*, blofs eine graphische Variante wäre; er glaubt vielmehr, dafs der Laut des von der Palatalis sich loslösenden *i* noch ein recht leiser, nur aufmerksamen Schreibern bemerkbarer gewesen sei und daher nur von solchen auch wirklich graphisch angedeutet wurde. „Man könnte diesen zwischen -*age* und wirklichem -*aige* liegenden Laut etwa mit -*a^{i}ge* bezeichnen." Schliefst man sich dieser Auffassung an, so hat man es mit einem fallenden Diphthonge zu thun, der mit *fache* und *Cesare* ohne weiters in Assonanz stehen kann. Für das lothr.-burg. Gebiet ist jedoch die phonetische Geltung -*ęge* durch entsprechende Schreibung und Reim gesichert, auch beansprucht Neumann die Aussprache -*a^{i}ge* blofs für die picardische Mundart im weiteren Sinne. Wie es scheint, geschah der Wandel des älteren -*age* zu -*a^{i}ge* unter Einflufs der benachbarten östlichen Mundart.

Uns dünkt es am wahrscheinlichsten, dafs dem Verfasser -*age* mit reinem Vokal *a* zuzusprechen sei und -*aige*, möge es nun -*á^{i}ge* oder -*ęge* lauten, erst vom Schreiber in die Assonanz hineingetragen wurde. War der Nachlaut *i* für einen Urkundenschreiber im zweiten Viertel des XIII. Jahrhunderts (die von Neumann untersuchten Urk. stammen aus den Jahren 1218— 1250) fast noch unmerklich, so dafs in den meisten Fällen noch

---

[1] Vgl. Jen. Lit.-Ztg., 1878, S. 473.
[2] A. a. O., S. 14.

-*age* geschrieben wurde: dann galt in den ersten Jahren jenes Jahrhunderts, und wahrscheinlich noch in den zwei ersten Jahrzehnten desselben, der alte Lautwert -*a̭ge*.

Wie bereits angedeutet, kommt -*aige* zwar auf dem ganzen picard. Gebiete, aber im XIII. und XIV. Jahrhunderte doch nur in einer Anzahl von Fällen vor, die wir im Vergleich zu jener von -*age* eine sehr geringe nennen müssen. Die Urkunden von Saint-Omer, die Chronik des Ph. Mousket, der Münchner Brut weisen kein einziges Beispiel von -*aige* auf,[1] die Urkunden von Ponthieu[2] nur 2, die Dialoge Gregors nur 3 Fälle, während die Predigten des hl. Bernhard (Metz) durchgängig -*aige* haben.[3]

Interessant ist die Entsprechung des lat. Suffixes -*abilis* in *creaule* 2360. Da diese Bildung nicht in der Assonanz steht, können wir nicht entscheiden, ob lautlich *creǫle* oder *creavle* vorliegt. Tobler, dis dou vrai aniel, S. XXXI, fafst hier *au* in picard. Denkmälern als *av* und vertritt in den Gött. gel. Anz., 1874, II, 1032 dieselbe Ansicht gegenüber Förster (Rich. li Biaus, S. IX), welcher pic. und burg. *able* für *aule* hält und diesen Schlufs aus dem Reime *espaule : taule* (Rich. 3899) zieht, ohne jedoch die nebenhergehende Form auf -*able* (*estables : batailles*) anzuzweifeln. Weder Tobler noch Gröber (Jen. Lit.-Ztg., 1875, S. 173) geben diese Doppelformen -*ǫle* und -*able* zu, sondern sprechen sich für ein einzig mögliches -*avle* aus; ihrer Ansicht sind auch G. Paris (Rom., VI, 617) und G. Raynaud (a. a. O., S. 327). Die Predigten Bernhards zeigen aber -*aule*; die burg. Mundart entwickelt vor der Labialis ein *u*: -*able*, -*auble*, -*aule*, wie noch neuburg., vgl. *creaule* bei Mignard. Auch die Bildung *tôle* = *tabula*, nfrz. Blech, könnte zu gunsten von -*aule* noch angeführt werden.

Bildungen mit dem Suffix -*aneus* kommen ebenfalls in der Assonanz nicht vor, im Innern des Verses öfter, so *compaigne* 113, 273, *Alemaigne* 842 etc. Über die Natur des betonten Vokals etwas Sicheres zu sagen ist schwer. Die Schreibung *ai* bedeutet an sich nicht viel, da *ñ* oft durch *ign* bezeichnet wird. Aber eine Vergleichung anderer Texte lehrt, dafs -*aigne* auch

---

[1] Vgl. Zemlin, a. a. O., S. 20.
[2] Vgl. G. Raynaud, Bibl. de l'Ecole des Chartes, XXXVII, 19.
[3] Vgl Apfelstedt, Lothr. Ps., S. XIII, § 16.

= -ęñe sein kann, wie Reime mehrfach zeigen.[1] Förster (Rich., S. IX) bringt hiefür weitere Beweise. Die Form -aigne ist besonders pic. Denkmälern eigentümlich,[2] ebenso -oigne in menęoigne, wofür Huon de B. mehrere Belege liefert, vgl. 1397, 1399, 1419 etc. Die anderen Mundarten haben -ange und -onge. Das lat. Suffix -alis erscheint meist in der regelrechten Gestalt -el; vereinzelt, aber durch a-Assonanz gesichert, ist -al in natural 4335, esperital 5472; innerhalb der Zeile loial 4492. Vgl. auch das Subst. mal 2667 in a- gegenüber mel 2905, 3133 in e-Assonanz. Das Suffix -alis ist vertauscht mit -ōsus in crueus 8730 neben gewöhnlichem cruel. Dafs in der erstgenannten Bildung nicht etwa cruels mit sog. vokal. l vorliegt, zeigt das Vorkommen einer fem. Form crueuse, Ph. Mousket 8478, mit dolereuse reimend.[3]

Von der mundartlichen Entwicklung des Nachlautes i hinter a in lai 7104, sai 7105 (die Schreibung des letzteren Wortes befremdet einigermafsen) wurde bereits S. 31 gesprochen und der Osten Frankreichs als jenes Gebiet genannt, wo dieser Zug so recht heimisch ist. Die ganz vereinzelten Fälle in unserem Denkmal lassen erkennen, dafs solche Bildungen dem Schreiber nicht geläufig waren.[4] Dagegen kommt öfter Reduktion des regelrechten Diphthonges ai zu a vor: basierent 2847, lasiés 4041, 4436, 7631, 9343, lasić 6260, lassa 6457 neben baisierent 2845 etc. Es ist dies ein charakteristischer Zug der picardischen Mundart; auch im Osten findet sich diese Erscheinung, wenngleich seltener.[5] Unser Denkmal zeigt diese Reduktion ferner im Auslaut an zwei Beispielen der 1. Sing. Präs.: a (für ai = habeo) 9176, wofür die Herausgeber ai eingesetzt haben,

---

[1] Vgl. Mussafia, Z. f. r. Phil., III, 244 ff.; Z. f. d. öst. Gym., 1877, S. 200.

[2] Vgl. Lemcke, Jahrb. f. rom. u. engl. Sprache u. Litt., XIII, 198.

[3] Vgl. über diese Bildung Förster, Z. f. r. Phil., III, 565, und Th. Link, Über die Sprache der Chronique rimée v. Ph. Mousket, S. 8.

[4] Die betreffenden Stellen sind in mehr als einer Hinsicht auffällig; man wäre fast versucht zu glauben, dafs V. 7097—7139 von einem anderen Schreiber herrühren. Die Tirade 7097—7100 hat wenigstens ganz den Charakter einer späteren Interpolation.

[5] Vgl. Förster, Chev. as II esp., S. XXXIII; Apfelstedt, a. a. O., S. XVI, § 19; Neumann, a. a. O., S. 50.

und *ha ge* 6241. Diese eigentümliche, gegen das Streben nach Scheidung der verschiedenen Personen des Verbums gehende Reduktion des Diphthongs macht es möglich, dafs in Denkmälern dieser Dialektgruppe die 1. und 3. Sg. jedes Fut., und bei der 1. Konjug. die 1. und 3. Sg. des Perf. mit einander im Reim gebunden werden können.

Auf ähnliche Weise wird *au* zu *a*, *iau* zu *ia* reduziert: *Amaris* 1370, *Gerame* 10193, *Geramme* 10201, *Geriame* 10488.

Übergang von lat. *ŏ* vor Nasalis zu *a* hat stattgefunden in *dans* 5756, *dant* 608, 623 etc., also in unbetonter Stellung, wie sie Titeln vor Eigennamen zukommt, dann auch in betonter, vgl. *dame* 15 etc. Mit Littré und G. Raynaud diesen Übergang auch in *damaiges* 6497, 7350, *damages* 5797, 7386 neben *domage* 5716 anzunehmen, ist nicht nötig, da wohl das Etymon *damnaticum* vorzuziehen sein wird.[1]

Zum Schlufs seien noch die interessanten Varianten von *aqua* angeführt: *aige* 3183, 3769, 3771 etc.; *aigue* 9038; *iaue* 2816, 3762; *eve* 4580, 5308, 9323; *eu* 5072. Die letzte Form ist jedoch kaum richtig; hier dürfte das Auge des Schreibers auf das in der nächsten Zeile an der gleichen Stelle des Verses stehende *fu* (Feuer) abgeirrt sein.

E.

Betontes vulglt. ę (klass. *ē*, *ĭ*) in freier Stellung erscheint schon durchwegs in der Gestalt *oi*, vor einf. Nasalis blieb aber die Entwicklung auf der Mittelstufe[2] *ai* stehen. Hiedurch sind schon die weiten Umrisse der Heimat unseres Schreibers gegeben. Denn während die Normandie bis auf unsere Tage Erhaltung des Diphthongs *ei* zeigt, hat dieser Laut auf dem übrigen Gebiete der *langue d'oïl* und zunächst in der Picardie[3] eine weitere Entwicklung durchgemacht, der in der Zeit unseres Denkmals, wie noch heute, die Schreibung *oi* entspricht; vor einf. Nasalis blieb *ei* auch im Francischen erhalten, wogegen im Picardischen

---

[1] Vgl. G. Paris, Rom., XIX, 123: *dommage . . . remonte à une confusion entre damnum et domnum*.

[2] Vgl. Lücking, Die ältesten frz. Mundarten, S. 204; G. Paris, Rom., VII, 137; Ph. Rofsmann, Französ. *oi*, Heidelberger Diss., 1882, S. 19.

[3] Vgl. Raynaud, a. a. O., S. 31.

die Stufe *ai* erreicht wurde und im Ostfranzös. die Fortentwicklung zu *oi* wie vor den übrigen Konsonanten stattfand. Die Endungen des Impf. Ind. *-oie, -oies, -oit* (nie *-oue* etc.) sprechen gleichfalls gegen norm. Herkunft unserer Hs., die wir nach dem Gesagten zur Gruppe der pic. zählen müssen.

Beispiele für *oi* sind nicht nötig; für *ai:* (Lat. $\bar{e}$ + N) *avaine* 275, *plains* 525, *Madelainne* 2559, *alaine* 5695, 5852, etc.; (Lat. $\bar{\imath}$ + N) *mainne* 545, *maine* 4156, *mainnent* 5267, *mains* 6212, etc.; (Lat. $\bar{\imath}$ + N + Gutt.) *ataint* 608, *ataindre* 995, *çainte* 669, 5618; proton. in *painturé* 1778, 7493, *faintise* 7389. — Ganz vereinzelt ist *poinne* 7092 neben *paines* 5441, 7265. So die Überlieferung.

Der Diphthong *oi* (aus vulglt. ǫ in offener Silbe) umfafst nur eine Tirade (5556—5563), die lauter Wörter derselben Art enthält, so dafs wir daraus nichts erschliefsen können, als dafs der Dichter das Impf. Ind. auf *-oit* bildete; ob der Diphthong damals noch *ei* war, läfst sich aus dem gleichen Grunde nicht bestimmen, denn der Kopist konnte ohne weiters die ganze Tirade in *oi* umgesetzt haben. Wir dürfen ferner aus dem Fehlen von Wörtern auf ǫi nicht den Schlufs ziehen, dafs der Dichter Bindung von *oi* aus früherem *ei* mit *oi* aus lat. *au* + I vermeide, weil bei der geringen Zahl der Assonanzwörter auch der Zufall mit im Spiele sein kann.

Rofsmann nimmt auf S. 20 seiner genannten Abhandlung trotz der nicht beweisenden Assonanzen Scheidung der verschiedenen *oi* in der Sprache unseres Dichters an, wie dies bei Garnier von Pont Sainte-Maxence[1] der Fall ist. Für das Norm. und Anglonorm. mufs die Auseinanderhaltung der verschiedenen *oi* nach ihren Quellen wohl zugegeben werden, für das Picardische jedoch ist eine solche Scheidung am Ende des XII. Jhdts. und später nicht wahrscheinlich. Denn das Gedicht von der Aliscans-Schlacht zeigt Bindung von ǫi mit *oi* aus *ei* ebensogut wie die dem franz. Teile von Flandern (Lille oder Tournai) angehörige 3. Redaktion des Alexiusliedes[2]; ebenso sind diese beiden Diph-

---

[1] Départ. Oise.
[2] Vgl. G. Paris, La vie de Saint — Alexis. S. 270.

thonge seit Christian von Troyes auf centralfrz. Gebiete zusammengefallen.[1]

Mundartlich ist die Wandlung des auslautenden ẹ im obliquen Kasus der betonten Personalpron. *me, te* zu *i*: *mi* 633, 641, 643 etc.; *ti* 854, 936, 1411 etc., sämtliche in *i*-Assonanz und demnach als ursprüngliches Gut gesichert. Im Innern der Verse sind diese dialektischen Formen ganz vereinzelt, nur *mi* 6422, 8017, worin sich also eine Eigentümlichkeit des Dichters zufällig erhalten hat. Sonst sind die Formen *moi, toi* in Gebrauch, doch blofs im Innern der Zeile.

Eine weitere dialektische Eigentümlichkeit, welche die Assonanzen als dem Verfasser gehörig sichern, ist der Übergang der Infinitive *vidēre, sedēre* und *cadēre* (gemeinrom. **cadére*) zur *i*-Konjugation: *veïr, seïr, caïr*. Bächt (S. 12) nimmt einen lautlichen Übergang von ẹ zu *i* an; daran ist aber nicht zu denken. Wir haben hier vielmehr eine morphologische Erscheinung vor uns. In Assonanz stehen: *veïr* 729, 1239, 1521 etc., *seïr* 1015, 1069, 1269 etc., *caïr* 1416. Vereinzelt im Innern der Zeile: *veïr* 9780, *caïr* 1123; sonst immer die francischen Formen.

Was die örtliche Ausbreitung der Formen *mi, ti* einerseits und *veïr, seïr, caïr* andrerseits betrifft, so sind sie ungefähr auf demselben Gebiete heimisch; doch reichen diese Infinitive auch nach Lothringen hinüber, während die genannten Pron. auf die engere Picardie sich beschränken.[2]

Über vulglt. ẹ (klass. ĕ) in freier bet. Stellung ist nicht viel zu bemerken. Mit sekund. *i* ergibt sich in der überlieferten und ursprünglichen Mundart durch *iei* der Monophthong *i*, vgl. *ist* 459, *lit* 1066, *despit* 7200 etc., in Asson. *pis* (*pĕctus*) 596, 888, 959, *dis* (*decem*, Hs. X) 800, 910, *sis* (*sex*) 1260, *respit* 2125, worin das Francische und Picardische sich von den übrigen Mundarten unterscheidet.

Zu bessern ist die wohl dem Schreiber gehörige Form *espiex* 501 in *ie*-Assonanz neben *espiel* 741, 773, 879 etc. innerhalb der Zeile. Förster[3] sieht in *espiel* eine Suffixvertauschung anstatt *espiet* oder *espier*; im Aiol, A. zu 643, wird eine Form *espief*

---

[1] Vgl. Rofsmann, a. a. O., S. 22.
[2] Vgl. zu Aucassin S. 68 noch Neumann, a. a. O., S. 22.
[3] Z. f. rom. Phil., I, 92.

beigebracht, die zu *espiet* sich verhält wie *soif* zu *sitim*, aufserdem findet *espiet* an dem Portug., Span. und Ital. eine Stütze. Setzen wir also *espies* (wo *s* = *ts*) für *espiex* ein, so ist die Schwierigkeit beseitigt. Dürfen wir aber diese Form ohne weiters gebrauchen? Ein *espies* = *espiels* wäre weniger willkürlich, da *l* vor *s* öfter fällt, vgl. *ostés* 545, *tes* (*talis*) 2007 etc. in *e*-Assonanz. Leichter ist *viex* 3302 in *ie*-Assonanz zu bessern: es braucht für *vĕtulus* nur *vĕtus* = *vies* eingesetzt zu werden, vgl. letztere Form 4132, 9628, aufserdem mehrfach innerhalb der Zeile.

In gedeckter Stellung findet sich *ĕ* öfters diphthongiert: *sieles* 290, 304, 314, *apiele* 382, 2164, 2304, *apielent* 941, 9974, *bieles* 1817, *biele* 3804, 5796, *tempies* 4848, 7209, *tenpies* 7846 etc. Auch in vortoniger Stellung, doch hier nur infolge der Analogie: *apielant* 1089, *apielé* 2264, *apieler* 3936, *apiela* 5329, *bielement* 5329, *sierrés* 1882 etc. Trotz dieser vielen Belege, welche der Kürze halber nicht vollzählig sein können, sind es im ganzen doch nur 5 Wörter, welche Diphthongierung zeigen, so dafs es den Anschein gewinnt, als sei dieser Vorgang in der Sprache des Kopisten nicht recht heimisch gewesen. Gewöhnlich betrachtet man diese Erscheinung als eines der Hauptmerkmale der wallon. Mundart, doch findet sie sich auch in der Gegend von Lille und Tournai, ja ursprünglich blofs hier[1]; im Ponthieu, in Vermandois und im Lothringischen ist sie fast unbekannt.[2] Was auf gallischem Boden also auf ein kleines Gebiet beschränkt blieb, hat im Spanischen allgemeine Geltung und ein schönes Seitenstück an der Diphthongierung des lt. *ŏ* in gedeckter Stellung.

Offenes *e* aus lat. Positions-*ĕ* ist nur einmal Assonanzvokal (Tirade 2610—2639). Dafs auch *e* aus lat. Positions-*i* schon ganz offen und in der Sprache des Dichters mit dem erstern identisch war, läfst sich aus dem Vorkommen eines einzigen Wortes wie *ancele* 2638 noch nicht erweisen, da sich die Suffixe -*illum*, -*illam* früh schon mit den viel zahlreicheren auf -*ellum*, -*ellam* vermengt haben und in diesen aufgegangen sind. Doch

---

[1] Vgl. G. Paris, Alexis, S. 268; Suchier, Auc., S. 64, 22; Tobler, Aniel, S. XXII.

[2] Vgl. G. Raynaud, a. a. O., S. 30; Neumann, a. a. O., S. 20; Apfelstedt, a. a. O., S. XVIII, § 24.

ist es wahrscheinlich, dafs die beiden Laute zur Zeit der Abfassung des Gedichtes schon zusammengefallen waren. Die Diphthongierung des *ě* in gedeckter Stellung, wie sie in der Überlieferung mehrfach angetroffen wurde, ist der Sprache des Dichters fremd und die Form *apiele* 2621 in der Assonanz dem Kopisten zuzuschreiben. Denn einerseits steht dem die Form *requerent* 2635 entgegen: ein immerhin mögliches *requierent* könnte nicht mit *i̯ę* aus lat. Positions-*ě* assonieren; andrerseits bliebe es unverständlich, warum der Kopist, welcher in der Zeile doch öfter *ie* hat, gerade in der Assonanz alle Wörter bis auf eines geändert haben sollte. Indem wir aber diesen mundartlichen Zug dem Dichter absprechen müssen, sehen wir darin keineswegs ein Praejudiz gegen picard. Herkunft; die Chartes du Ponthieu weisen nur 2 Fälle auf, und auch die Hs. des Dis dou vrai aniel zeigt davon kaum eine Spur.[1]

I.

Es handelt sich um vulglt. i̯ (klass. *ī*), das in jeder Stellung erhalten blieb.

Zunächst interessiert hier die Behandlung der Ausgänge *-ĭlis*, *-ĭlius*, *-ĭvus* einerseits und *-ĕls*, *-ĕus* andererseits, weil darin die verschiedenen Mundarten auseinander gehen. Was die erste Gruppe anbetrifft, so zeigt die überlieferte Sprache *-is* als Entsprechung, also Ausfall des *l* und *v* vor dem folgenden Konsonanten: *gentis* 737, 743, *caitis* 3809, 4309, 5514, *vis* 5973 etc.; daneben aber viel häufiger die dem Picard. eigentümlichen Formen auf *-ius*, *-ieus*: *fius* (Hs. *fix*) 2533, 3451, 4252 etc., *fieus* (Hs. *fiex*) 9, 100, 102 etc., *fieus* (*fīl-um + s*) 3224, 3624 (Hs. *fiex*), *gentieus* 4893, *sorcieus* (Hs. *-iex*) 6289, *cieus* (*ecce + ille + s*) 8200; vortonig *vieument* 2618, 5990, 6136, *vieutés* 4991, 7509, 7693, *avieuter* 6325, 10226; *vielté* 6805 und *hastievement* 6438, letztere zwei Formen sehr wichtig für die Bestimmung der Übergangsreihe, wovon später. Auch die andere Gruppe (*-ĕls*, *-ĕus*) erscheint in der gewöhnlichen Gestalt *-ieus* nicht so oft als in der picard. *-ius*, weshalb wir sie nicht unter ę, sondern hier behandeln, was auch aus Gründen der Übersichtlichkeit vorzuziehen ist.

---

[1] Tobler, Einltg. S. XXII.

Beispiele für -*ĕls*, -*ĕus* = -*ieus*: *mieus* (Hs. *miex*) 95, 182; *Dieus* (Hs. *Diex*) 20, 208, *Dieu* 58, 423. Nur -*ieus*, nie -*ius*, aber wohl nur zufällig, haben *vieus* (*vĕclus, *viel͞s*) 54, 3302, 3333 (Hs. jedesmal *vicx*); 3824, 3826, 3834 (auch die Hs. *vieus*); *cieus* (*ciel* + *s*) 2024. Ferner haben den Triphthong *ieu*, obgleich auf anderer Grundlage als die obigen beruhend: *lieues* 13, 3155, 3168; *lieuées* 3794, *lieućc* 4645, *lieuetes* 7046, in vortoniger Silbe durch Analogie; *lieu* (*lŏcum*) 729, 2317, 2319 etc., tonlos *lieuer* 7343, *lieués* 8677; *ieus* (*ŏculos*) 9274, Hs. *iex* 1313, 2000, 9315 etc., Hs. *ex* 6287, 9247, 9268 etc.

Beispiele für -*ĕls*, -*ĕus*, (-*ieus*) = -*ius*: *mius* (Hs. *mix*) 1836, 3246, 3485; *Dius* (Hs. *Dix*) 86, 152, 201, *Diu* 61, 82, 192; *ius* (*ŏculos*, Hs. *ix*) 7079.

In der überlieferten Mundart sind also die Ausgänge -*īlis*, -*īlius* und -*ĕls*, -*ĕus* einander gleichgestellt, und zwar in doppelter Richtung: einmal *gentieus*, *fieus*: *mieus*, *Dieus*; das andremal *fius*: *mius*, *Dius*. Die Assonanzen aber kennen eine solche Gleichstellung nicht, und es ist jedenfalls nicht zufällig, dafs in keiner der eilf *i*-Tiraden ein Wort der ersten Art mit einem solchen der zweiten Gruppe assoniert. Bei einer so grofsen Zahl von Assonanzwörtern müfste, die erwähnte Gleichstellung vorausgesetzt, doch eine oder die andere Bindung sich finden. Von dem ist aber keine Spur zu bemerken. Die in Assonanz stehenden Formen zeigen vielmehr die gemeinfranzösische Gestalt, indem *l*, *l̄*, *v* hinter *i* bei folgendem flexiv. *s* spurlos wegfielen, vgl. *gentis* 685, 790, 1072 etc., (964 ist *gentil* zu setzen); *fis* (*filius*) 1422, 1638, 8422; *vis* (*vivus*) 688, 720, 757, *poestis* 746, 793, *posteis* 756, *poostis* 1047, *hastis* 995, *nais* 2221, *mautalentis* 8406.

Wo im Versinnern Formen auf -*is* stehen, also Übereinstimmung mit der durch die Assonanz gesicherten Gestalt herrscht, können wir an Erhaltung des ursprünglichen Gutes denken; die Formen auf -*ieus* = -*īls* einerseits und -*ius* = -*ĕls*, -*ĕus* andrerseits sind auf Rechnung des Schreibers, für dessen picard. Herkunft dieser Umstand spricht, zu setzen.

Wie aber ist es gekommen, dafs Lautgruppen, die auf so verschiedenartigen Grundlagen beruhen wie -*ils*, -*īls*, -*ivs* und -*ęls*, -*ęus*, -*q̃ls* etc., sich einander so nähern, dafs sie in

Assonanz und Reim gebunden und graphisch vollkommen gleich dargestellt werden können? — Suchier[1] hält den Übergang von *iu* zu *ieu* und von *ieu* zu *iu* für zwei gesonderte, wahrscheinlich auch verschiedenen Gegenden angehörige Erscheinungen, deren Gebiet zu scheiden ihm aber nicht möglich war. Förster[2] nimmt ebenfalls einen doppelten Lautwandel an und möchte die Veränderung von *iu* zu *ieu* als eine Folge der im Picardischen herrschenden Neigung, *ir* zu *ier* werden zu lassen, ansehen; den Wandel von *ieu* zu *iu* (*ius* = *ŏculos*) bringt er in Zusammenhang mit einer andern in pic. Texten häufig auftretenden Erscheinung, welche in der Reduktion von *ie* zu *i* besteht. Mussafia[3] ergänzt, was Förster über den Wandel von *ir* zu *ier* gesagt, dahin: „wie *iu* zu *ieu*, so *īv* zu *iev*, *īl* zu *iel*." Die Formen *hastievement* 6438 und *vielté* 6805 in unserm Denkmal bestätigen diese Annahme.

Damit sind wir auch in die Möglichkeit versetzt, etwas über die Aussprache der fraglichen Laute zu bestimmen. Von vornherein ist anzunehmen, dafs *fius* und *fieus* einerseits und *mieus, mius* andrerseits in derselben Zeit und Gegend die gleiche Aussprache gehabt haben werden; aber welche Schreibung ist phonetischer? — Darüber gehen die Meinungen auseinander. Suchier glaubt,[4] dafs dem fakultativen Wechsel von *iu* und *ieu* in den Handschriften auch eine doppelte Aussprache entsprochen habe, und schreibt dem *u* des Diphthongs beziehungsweise Triphthongs den lat., nicht den französ. Laut zu. Raynaud[5] spricht *iu* = *iü* und sagt: „ieu n'est qu'une notation de iü"; er befindet sich also in doppeltem Gegensatz zur Ansicht Suchiers. G. Paris[6] widerspricht ihm hierin und erklärt *iu* in *Mikius* für die archaische, *ieu* in *Mikieus* aber für die phonetische Schreibweise; dies dürfte auch der Wahrheit am nächsten kommen. Wir nehmen also an, dafs *fius* und *fieus* in unserem Gedichte (ebenso *mieus, mius* und beide mit den früheren, da sie in anderen Denkmälern damit assonieren und reimen) lautlich identisch sind, und dafs die erste

---

[1] Aucassin, S. 65, 30.
[2] Vgl. Chev. as II esp., S. XXXVII und XLII. ff.
[3] Z. f. d. öst. Gym., 1877, S. 202.
[4] Z. f. rom. Phil., II, 273.
[5] A. a. O., S. 27.   [6] Rom., VI, 619—620.

Schreibung nur historisch eine schon überwundene Lautstufe darstellt. Ein Übergang, wie ihn Raynaud für wahrscheinlich hält, dafs nämlich für *iu* (phonetisch *iü*) eine neue Schreibung *ieu* in Anwendung kam und diese erst den Anstofs zur Wandlung des Lautes gab, eine solche Beeinflussung der gesprochenen Sprache durch die Schrift ist nur in einer Zeit möglich, wo man durch Lektüre mit den litterarischen Erzeugnissen bekannt wird. Anders steht es um *-ieus* (*-ĕls*, *-ĕus*) = *-ius*. Hier möchten wir eine Beeinflussung des Schreibers (aber nicht der Laute) durch *-ius* (*-ĭlis* etc.), das mit *-ieus* wechselt, annehmen; dafs aber dem Wandel der Schreibung von *mieus*, *Dieus* zu *mius*, *Dius* ein lautlicher Hintergrund entspreche, ist nicht wahrscheinlich. Uns scheint es, dafs nicht nur *fius* und *fieus*, sondern auch *mieus*, *mius* blofs graphische Varianten eines und desselben Lautes sind (wie wären sonst Reim und Assonanz in pic. Denkmälern möglich?), und zwar des Lautes *iö* in *mieus*, *Dieus*, dem durch die oben betrachtete Veränderung *filius*: *fius*, *fieus* sich angeglichen hat. Mussafia[1] ist geneigt, *iu* in *miudres* (= *micudres*) wie *ö* zu sprechen, desgleichen Tobler,[2] welcher den Vorschlag eines leisen *i* vor *ö* als ziemlich genaue Wiedergabe des Lautes annimmt.

Bächt (S. 14) schreibt mit Suchier dem *ieu* (aus *iu*) und *iu* (aus *ieu*) einen verschiedenen phonetischen Wert, dem *u* in *iu* jedoch die franz. Aussprache zu und führt aus dem Rom. de la Violette 78 den Reim *liues*: *rues* zur Stütze seiner Ansicht an: doch könnte es sich hier auch um eine Ungenauigkeit des Dichters handeln.

Die eben besprochene Reduktion des *ieu* zu *iu* hängt nach Förster mit dem im Picardischen nicht seltenen Wandel von *ie* zu *i* zusammen: letzterer Vorgang wäre die Ursache davon gewesen. Da wir aber keinen dem Schwanken der Schreibung entsprechenden lautlichen Übergang von *ieu* zu *iu* annehmen zu müssen glauben, so ist diese Frage hier gegenstandslos. Beispiele für eine solche Reduktion des Diphthongs *ie* bietet unser Gedicht drei: *aidir* 851 in *i*-Assonanz; *pice* 1915 und *convint* (Präs.) 2387 im

---

[1] Z. f. d. öst. Gym., 1877, S. 202.
[2] Aniel, S. XXVIII.

Innern (letztere Stelle bei Bächt durch ein Versehen unrichtig citiert). Ob auch *erbi* 2079 in *i*-Assonanz auf *herbier* zurückzuführen ist, bleibt fraglich, obgleich ein anderes Etymon als *herbarium* Schwierigkeiten macht. Die Hs. B, die wir nur berücksichtigen, wo sie von den Herausgebern zur Ergänzung der Lücken in A herbeigezogen wurde, bietet ein Beispiel in proton. Stellung: 7115 *gita* (neben *gieté* 7264 der Hs. A); doch dürfte hier die Sache anders liegen. Wahrscheinlich ist hier der vorausgehende palatale Konsonant $\breve{y}$ die Ursache der Reduktion, indem er vor dem *e* (wie *ch* in *chief*, *chien* etc.) zuerst ein *i* erzeugte und diesem sekund. Laute infolge seiner eigenen Qualität schliefslich das Übergewicht verlieh.

Die hier besprochene Reduktion ist nur bei Annahme eines fallenden Diphthonges verständlich. Was ihre örtliche Verbreitung betrifft, so ist sie für das pic. und wallon. Gebiet besonders charakteristisch, doch auch im Lothr. und Burg. zu finden. Vor allem sind es Inf. auf *-ir* (anstatt *-ier*), die sogar das Perf. mitgezogen haben mochten.[1] Auch der Übergang von *iée* zu *ie* wird damit in Verbindung gebracht.[2]

Lat. $\bar{\imath}$ ist wohl zugrunde zu legen in *-ismes* (neben *-esmes* = lat. *-esimus*): *dousimes* 44, 2409, 9587, *quinsime* 5205, (9114 in weibl. *i*-Assonanz), *sesimes* 5748.

Vor Nasalis hat *i* noch den oralen Klang. Es assonieren *orfelin* 582: *menti* 585: *Paris* 586: *servir* 587 etc. Von 11 Tiraden auf *i* ist blofs eine (5549—5555) frei von Wörtern mit auslautender Nasalis.

o.

Betontes vulglt. ρ (klass. *ŏ*, *ŭ*) in freier Stellung erscheint in der Überlieferung durch *o*, *ou* und bisweilen auch durch *eu* dargestellt. Dieses Schwanken in der Bezeichnung des Lautes erklärt sich aus dem Streben des Schreibers nach getreuer Wiedergabe der Aussprache, doch kommt er meist über unbeholfene Versuche nicht hinaus, so dafs die Schreibung im ganzen eine historische zu nennen ist.

---

[1] Vgl. darüber Suchier, Auc., S. 72.

[2] Vgl. Förster, Chev. as II esp., S. XXXVII u. Anmkg. S. 415; W. Zingerle, Raoul de Houdenc, S. 23.

Die Quellen von geschl. *o* hier anzuführen, erlassen wir uns; sie finden sich an mehreren Orten zusammengestellt, vgl. Mussafia, Z. f. rom. Phil., I, 407; Lücking, Die ältesten frz. Mundarten, S. 155, u. a. m. Die Ausgänge -*ōrem*, -*ōres*, -*ōrum* erscheinen meist in der Gestalt -*or*: *honnor* 213, *segnor* 289, *amor* 411, *millor* 587, *paor* 921 etc. Daneben -*our*: *segnour* 1, *amour* 686, *paour* 638 etc. Aber auch -*eur* findet sich hie und da: *Seigneur* 4430, *milleurs* 3815, *pieur* 2317; so steht *plore* 10032, *plorent* 10003 neben *pleure* 8412, *pleurent* 9706. Das Suffix -*ōsus*, -*ōsum* erscheint in der Gestalt -*ous* und -*eus*: *coragous* 1745, *glorieus* 2, *Orgilleus* 4573. Auch vor anderen Kons. steht bereits *eu*: *seus* (*solus*) 129, *preu* 1805, *neu* (*nŏdum*) 2933, *veu* 6917 etc. So wechselt die Schreibung bei *sor* 218, *desor* 75; *sour* 41, *desour* 1314; *desur* 1877, *deseur* 528 etc. Hier wäre indessen die Möglichkeit vorhanden, dafs die Schreibungen *desor*, *desur* einerseits und *deseur*, *deseure* andrerseits einer zweifachen Aussprache entsprächen: da bei diesem Worte die Diphthongierung des Vokals ein mundartlicher (picard.) Zug ist,[1] so könnte daneben auch geschl. *o*, wie in protonischer Stellung, erhalten geblieben sein. Die Diphthongierung findet jedoch auch in dieser statt, vgl. 2672, 4912, eine Folge der Analogie.

Diese wenigen Beispiele genügen, um zu zeigen, dafs wir es in der Entwicklung des geschl. *o* schon mit der 3. Stufe *eu* zu thun haben. Dafs der Kopist noch *o* und *ou* neben *eu* schreibt, ist nicht auffällig, da der Übergang von *ou* zu *eu* erst im XII. Jhdte. stattgefunden hat und die Hs. A um die Mitte des XIII. Jhdts. geschrieben worden sein mag, wo man neben der genaueren Fixierung des neuen Lautes (vgl. *proeu* 302) noch die alte Schreibung verwendete; jetzt noch hängt man in Sachen der Orthographie mit grofser Zähigkeit am Althergebrachten.

Geschlossenes *o* aus lat. *ŏ* vor Nasalis wird vereinzelt auch durch *ou* dargestellt, vgl. *boune* 6035, 6039, 7602 etc. Diese Schreibung findet sich besonders in picard. und norm. Handschriften; letztere haben noch öfter *u* (vgl. Mall, Cump, S. 42 ff.),

---

[1] Vgl. Neumann, a. a. O., S. 45.

das sich in dieser Verwendung nur einmal in unserem Denkmale zeigt, nämlich *pume* 9186. Diphthongierung des lt. $\bar{o}$ vor Nas. (wie sie aus manchen Denkmälern bekannt ist) kommt in unserem Gedichte nirgends vor, aufser man erblickt in *boin* nur eine graphische Variante von *buen* wie G. Raynaud.[1] Wir aber sehen in *oi* einen anderen Diphthong, der unter Einflufs der Nasalis entstand, jedoch nur dialektisch blieb. Beim Übergange von der Aussprache ǫ zu *n* mufste die Mundstellung die *i*-Lage passieren, und dieser vermittelnde, nur leise hörbare Laut wurde vom Schreiber ebenso gewissenhaft verzeichnet, wie *i* in -*a*^{i}*ge*. Das *n* ist hier ein palataler Laut wie *y̆*, und können diese beiden, auf demselben Sprachgebiete vorkommenden Bildungen, als auf gleichem Vorgange beruhend, nebeneinandergestellt werden. Förster[2] erklärt *oin* aus *on* wie *ain* aus *an*, d. h. als Zwischenstufe in der Entwicklung zu *uen*, während Rofsmann[3] die Form *boin* für gleichwertig mit *bon* hält, was denn doch nicht wahrscheinlich ist.

Die Überlieferung weist folgende Fälle auf: *boins* 247, 1459, 3144, *boin* 620, *boine* 3, 4040, 5208, *boinne* 3986, *boinnes* 2571 etc. Die Assonanzen kennen diese Formen nicht.

In gedeckter Stellung wird ǫ durch *o* und *ou* dargestellt: *tot* 12, 88, *tout* 7, 181, *jor* 29, *jour* 258, *cort* 30, 353, *court* 475, 586, *doce* 9131, *douce* 222 etc. *Qeurt* 4834 und *qeurent* 2776 erklären sich durch Vereinfachung der Gemination im Vulgärlt.; gewöhnlich aber kommen nur die Formen mit *ou* vor, welcher Laut schon frühzeitig aus den flexionsbetonten Personen eingedrungen ist.

Zu *tot*, *tout* ist noch eine Bemerkung zu machen. Die Form des Nom. Pl. *tuit* steht erst gegen Ende des Gedichtes: 8816, 9521, 9885; *trestuit* 9938, 9968, 9971 etc. Da sie im Picard. selten ist, könnte man glauben, dafs der Kopist anfänglich alle in der Vorlage stehenden *tuit* in *tot*, *tout* umgeschrieben habe und erst gegen Schlufs, wo er sich vielleicht nicht mehr soviel Mühe gab und ungeduldig eilte, diese Formen ungeändert liefs.

---

[1] A. a. O., S. 32.   [2] Chev. as II esp., S. XLII.
[3] A. a. O., S. 9.

Die Betrachtung der ǫ-Assonanzen lehrt uns nichts Besonderes, denn sämtliche (8) Tiraden sind nasal, blofs ein Wort (*dolour* 7100) ausgenommen. Die Bindung mit diesem Worte könnte uns allerdings zweierlei zeigen: 1. dafs der Vokal *o* vor Nasalis noch die reine Aussprache hatte; 2. dafs ǫ in dem Ausgange -*órem* noch nicht zu *eu* fortgeschritten war. Aber diese blofs aus 4 Zeilen bestehende Tirade (7097—7100) ist in mehrfacher Weise verdächtig: sie scheint erst später interpoliert zu sein, und könnte der Sinn durch ihre Ausschliefsung nur gewinnen.

Der die Assonanz tragende Vokal geht auf folgende Quellen zurück: 1. lat. ó + N: *luiton* 5326, *façon* 5327, *non* 5342, *don* 5349; 2. lat. ŏ + N: *bon* 6714, 9494; 3. lat. ó + N + Kons.: *pont* 9463, *front* 10032 etc. Von *o* im rom. Position könnte nur bei *tesmǫing* 9516, *besǫing* 10043 gesprochen werden, wo sie aber auch geschwunden war, sobald das halbkons. *i* in das Innere des Wortes trat und mit ǫ einen Diphthong bildete. Wenn Bächt (S. 13) die Wörter *hon* 5348, *hons* 7098 unter „rom. Pos." anführt, so beruht dies auf einem Versehen; beide wären unter 2 (*bon*) anzuführen gewesen, da überall Nominative vorliegen. 4. lat. ú + N + Kons.: *sont* 5410; *vont* 5409, *ont* 10034 (Analogie mit *sunt*); die Endung -*on* der 1. Pl. *descouvron* 9493, *acordon* 9971, *avon* 10044.

Die Untersuchung der Assonanzen liefert also nur negative Resultate. Einmal ergibt sich, dafs der Dichter nicht die diphth. Formen *buen*, *huem* gebrauchte; das anderemal, dafs die im Picard. auftretende Endung der 1. Plur. -*omes* ihm nicht geläufig gewesen sein mochte, obgleich sie innerhalb der Zeile vorkommt: *venommes* 7305, *sommes* 7838. Möglich wäre allerdings, dafs der Dichter beide Endungen verwendete, je nachdem es der Vers und die Assonanz erheischte.

Zu erwähnen ist noch, dafs ú + combin. Nas. einmal als *e* erscheint: *calent* (3. Sg. Konj. Präs.) 6529 in *en*-Assonanz. Hier ist nicht so sehr Schwächung des betonten Vokals, als Übertragung des in tonloser Stellung entstandenen *e* in die Tonsilbe anzunehmen: wie bei *calengier* die Gestalt des Vokals, so wirkte bei *mangier* die des Kons. vom Inf. auf die Personalformen, vgl. *mangue* 3626 etc. Dafs unser Denkmal Schwächung des *o* zu *e* in vortoniger Stellung liebt, werden wir bei den unbetonten Vokalen weiter erörtern.

Betontes offenes *o* in freier Stellung ist auf die verschiedenste Weise dargestellt; bald gibt das phonetishe, bald das etymol. Moment den Ausschlag. Wir finden *ue, eu, oe, oeu, oue, oie* als Zeichen für denselben Laut, der sonst meistens *ue* geschrieben und hier wohl bereits *ö* gesprochen wurde. Einige Beispiele: *duel* 580, *cuer* 596, *suer* 6522, *rueve* 2433, *cuevre* 7166, *reubes* 8671, *oevre* 5491, *oeuvre* 9513, *oucvre* 4547, *oiel* 1788, 7595 neben *uel* 4934 etc.

Die Quellen des *ǫ* sind bei Lücking, Afr. Mundarten, S. 149 zusammengestellt. Nicht alle Laute jedoch, die auf den daselbst gegebenen Grundlagen beruhen, sind in unserem Denkmale identisch. Lat. *au* konnte blofs *ǫ* geben: *Paulum* auch graphisch *Pol* 10041. Sekundäres *au* ergibt das gleiche Resultat: die 1. und 3. Sg. und 3. Pl. der *habui*-Perfecta gehen darauf zurück, vgl. *ǫi* 123, *ǫt* 133, *ǫrent* 1162, *sǫi* 3866, *sǫt* 318, *sǫrent* 2830 etc. In lat. oder rom. Position wird *ǫ*, wenn *l* der erste Konsonant ist, in der überlieferten Sprache zu *au*: *vauc* 134, *vaus* 2031, *vaut* 459, *vaura* 221, 457, *caup* 176, 1798, 1808, *taut (tǒllit)* 205, 470, 2466, *faus* 2221, *asaus* 2552, *saudé* 8451 etc. Daneben in grofser Anzahl Formen wie *vot* 167, *vorra* 4756, *vorroit* 228, *cop* 889, *cos* 1846, *fos* 3282 etc. Förster[1] läfst die Frage unentschieden, ob in *vosist* etc. *o* aus *au* vorliegt oder *l* vor Konsonant ausgefallen ist. Vergleichen wir mit *fos, vot, vosist* etc. Formen wie *fols* 3147, 4236, *volt* 9423 etc., so möchten wir in ersteren nicht phonetische Schreibung erblicken, sondern Ausfall des *l* annehmen, wie er im Centralfrz. üblich ist.[2]

Beim Übergang von *ǫ* vor gedecktem *l* zu *au* dürfte mit G. Raynaud[3] die Entwicklungsreihe *ǫl, ǫu, au* anzunehmen sein; *l* war bereits vokalisiert, aber *ǫu* lautete noch diphthongisch, als die Entwicklung zu *au* stattfand.[4] Dieser Diphthong *ǫu*,

---

[1] Chev. as II esp., S. XLVI.
[2] Vgl. Cligès, S. LXVIII, § 22, ζ, *fols: los* etc.
[3] A. a. O., S. 23.   [4] Vgl. G. Paris, Rom., VI, 616.

auch wenn er nicht auf ǫl. + Kons. zurückgeht, zeigt nämlich in gewissen Mundarten die Neigung in *au* überzugehen. In *claus* (*clavos*) 2018 ist wohl derselbe Vorgang wie bei *faus* aus *fǫus* zu sehen; der Diphthong *ǫu* in dem ersten Worte stammt aber aus früherer Zeit. Der Übergang des *ǫu* zu *au* mufs eine jüngere Erscheinung sein, da er fast durchwegs in der Formel *ǒl* + Kons. auftritt, die erst im letzten Drittel (Förster[1]: im letzten Viertel) des XII. Jhdts. zu *ǫu* geworden ist. Der *terminus ad quem* ist aber die Monophthongierung des *ǫu* und *au*, so dafs der Übergang *ǫu: au* gegen das Ende des XII. Jahrhdts. stattgefunden haben mufs. Damals ist auch *clǫus* zu *claus* geworden.

Dieser eben genannte Lautwandel ist im ganzen auf das picard. und wallon. Sprachgebiet beschränkt; im Ponthieu finden sich diese Formen gleichfalls, nach Osten hin dürften sie nicht sehr verbreitet gewesen sein.

Unter *ǫ* in Position wäre noch die mundartliche Form *bǫs* 490, 581, 824 etc. anzuführen; sie kann direkt aus *bǫscum* kommen, oder aber aus *bois* durch die bekannte Reduktion des *oi* zu *o*. Auf ähnlichem Vorgange beruhen die Bildungen *glǫre* 381, 1586, 3100, für *gloire* und *jou o* 9632, *o ge* 7068.

Offenes *o* in rom. Position ergibt ausnahmsweise *e* in der Konj.-Form *vele* (*vǒljat) 3835 für *vueille;* hier hat der vorausgehende labiale Kons. den labialen Vokal aufgesogen, ein nicht seltener Vorgang. Dafs *v* = *vu* gelte, wie es bei *w* oft der Fall ist, ist wenig glaublich.

In der Assonanz kommt *ǫ* nicht vor.

U.

Die Überlieferung zeigt einige entschieden mundartliche Eigentümlichkeiten, so den Übergang von *eu* zu *u*: *fu* 1546, 2030, 3616, *fus* 4581, *ju* 5405, 7412, 7435, *jus* 7488 etc., in protonischer Silbe *lupart* 595.[2] Diese Reduktion von *eu* zu *u* wird mit dem Übergang von *ieu* zu *iu* in Zusammenhang gebracht. Bächt (S. 14) behandelt auch beide Vorgänge zugleich,

---

[1] Z. f. rom Phil., I, 564.
[2] Vgl. über diese Bildung Darmesteter, Rom., V, 151, A. 1.

führt aber durch ein Versehen für. den ersteren keine Belege aus unserem Denkmale an.

Die Form *pule* (*pŏpulum*) 1941 verdankt ihre Gestalt der Einwirkung des vorhergehenden und nachfolgenden lab. Konsonanten; der letztere fiel dann aus. Vgl. dazu Wörter wie *afuler* 7367, *desfuler* 7817, wo die Labialis vor dem Ausfall das *i* zu *u* verdumpft hat. Freilich ist ein solcher Einflufs des Kons. auf den vortonigen Vokal leichter begreiflich als die Affizierung des betonten. In *pume* 9186 steht *u* wohl nur für geschlossenes *o*.

Assonanzbildend ist *u* nur zweimal. Diese Tiraden haben keine nasalisch auslautenden Wörter und weisen keine mundartlichen Züge auf. Über das Part. Pf. *arestéus* 9238 siehe unten S. 93.

Diphthonge.

Im allgemeinen sollen hier jene Diphthonge behandelt werden, die nicht mit allen ihren Bestandteilen auf einfache lat. Vokale zurückgehen; um jedoch Zusammengehöriges nicht zu trennen, wird hievon öfters eine Ausnahme zu machen sein.

Ai.

Die Quellen dieses Diphthonges sind in der Einleitung Vollmöllers zum Münchner Brut S. XXVII zusammengestellt. Wir verzeichnen hier vor allem die mundartlichen Züge. Ein solcher ist

1. *ai* aus betontem *a* vor Palatalis: *-aige* neben *-age*, doch können wir bei der schwankenden Darstellung dieses Suffixes in der Überlieferung den diphthongischen Lautwert nicht sicher annehmen. Die ursprüngliche Mundart des Gedichtes kennt diesen Diphthong nicht, vgl. oben S. 30 ff.

2. *ai* für *a* in der Endung des Impf. Konj. der I. schwachen Konjugation: *alaisse* 1374, *alaisent* 2628, *osaisse* 1429, *donnaisse* 4988, *laisaise* 7912, *laisaisse* 9538, *carcaisse* 9347, *amaise* 9438, *cuidaisse* 9535 etc. G. Raynaud[1] setzt den Diphthong hier auf Rechnung des folgenden tonlosen *s* (welcher Vorgang speciell der picard. Mundart eigen sei), wird aber von G. Paris dahin berichtigt,[2] dafs diese Formen auf den lat. Typus *canta(v)*

---

[1] A. a. O., S. 20. [2] Rom., IV, 619.

issent zurückgehen und überall vorkommen. Auch Suchier[1] erblickt darin keine speciell picard. Eigentümlichkeit; sind diese Formen doch auch im Burgundischen heimisch.[2]

3. *ai* aus *á* + *ñ* im Suffix -*aneus*, -*anea*: *compaigne* 113, *Alemaigne* 842 etc., wo über die diphthongische Natur indessen keine Sicherheit zu gewinnen ist, da solche Bildungen in der Assonanz nicht vorkommen, vgl. oben S. 32 ff.

4. *ai* aus vulglt. ę vor Nasalis in betonter freier Stellung: *avaine* 275, *mains* (*minus*) 6212 etc., vgl. S. 35.

5. *ai* aus *a* + *I*, wo das *i*-Element anderen als den bisher angegebenen Quellen entstammt, also gemeinfrz. *ai: fere* (*facere*) 9921. Dies ist das einzige Beispiel für die Monophthongierung des alten Diphthonges in betonter Silbe, zeigt aber immerhin den Beginn des Überganges zu ę in der Sprache des Kopisten an. Vortonig schon häufiger: *ediés* 80, *edier* 86, *ederai* 646, *ederés* 791, *edant* 1116, *esnés* 748, *aresniés* 3312, *lera* 3822, *lessiés* 9847, *meson* 10052, gegen welche die von Bächt S. 15 angeführten Formen *basierent* (*lasierent* ist ein Druckfehler), *lasiés*, *lasić*, *lassa* und *maselers* nicht viel beweisen können. Allerdings vollzog sich die Reduktion von *ai* zu *a* in einer Zeit, wo noch die diphthongische Aussprache *ái* in Geltung war; aber können nicht *basierent*, *lasiés* etc. gegenüber *fere*, *edier*, *meson* etc. einen älteren Lautstand darstellen und schon dem Verfasser oder doch einer älteren Vorlage, nicht aber dem Kopisten angehören? — Solche Schreibungen mit *e* für *ai* finden sich auch in der Chronique rimée des Ph. Mousket[3] und bei Raoul de Houdenc,[4] doch bezeichnet sie Suchier[5] selbst für die Mittte des XIII. Jahrhdts. als Ausnahmen.

Au, iau.

Ursprüngliches *au* ist in Erbwörtern offenes *o*, das zeigt auch die Schreibung, z. B. *cose* 5879, 6172 etc. Es ist daher nur ein Versehen Bächts, wenn er auf S. 16 für *au* noch diphthongischen Wert annimmt und zur Stütze dieser Aussprache

---

[1] Auc., S. 68.
[2] Förster, Chev. as II esp., S. XXXIII.
[3] Vgl. Th. Link, a. a. O., S. 10. [4] Vgl. W. Zingerle, a. a. O., S. 15.
[5] Auc. S. 60.

auf die Assonanzen *cevaus: travaus: escas: mas* (V. 5402—5405) hinweist. Hier ist sekundäres *au* gemeint, das erst in der Mitte des XII. Jahrhunderts entstand, wo doch vom alten lat. Diphthong keine Rede mehr sein kann. Im übrigen scheint es uns, wie bereits früher angedeutet, dafs man aus diesen vier Zeilen lieber zwei Tiraden machen sollte, da der Dichter genau war und schon den Reim zu erreichen strebte; sind ja die folgenden zwei Tiraden auch nur je 3 Verse lang.

Mundartlich entwickelt sich *au* und *iau* unter lautlichen Verhältnissen, die sonst andere Ergebnisse liefern. In der Sprache der Überlieferung ergeben aufser den gewöhnlichen Quellen noch -*ĭll*, -*ĭl*,[1] -*ŏl* + Kons. und -*ǫu* den Diphthong *au*; -*ĭll* + Kons. und -*ĕll* + Kons. den Triphthong *iau*.

Beispiele für *au*:

1. -*ĭll* + Kons.: *aus* (*ĭllos*) 476, 1485, 1500, *çaus* (*ecce* + *ĭllos*) 1529, *seaus* 132, 145, 270; daneben die gemeinfrz. Form -*eus*: *eus* (*ĭllos*) 6141, 9401, *caveus* 173, 1991 etc.

2. -*ĭl* + Kons.: *solaus* 1646, 2662, 2794 etc.

3. -*ŏl* + Kons.: *caup* 176, 1798, *caus* 1910, *vauc* (*volui*) 134 etc., vgl. S. 46.

4. -*ǫu*: *claus* (*clavos*) 2018.

Es bleiben noch die Formen *de illo: del, dǫl* + Kons. = *dou, in illo: el, ǫl* + Kons. = *ou*, und *non illum: nel, nǫl* + Kons. = *nou* anzuführen, wo die Entwicklung zu *ou* gerade so wie in *els* (*illos*) unter Einflufs des gedeckten *l* vor sich gegangen ist, ohne jedoch die letzte Stufe *au* zu erreichen. Die Bedingung, dafs *l* gedeckt sei, wird bei konson. Anlaute des Tonwortes, an welches diese Proklitika sich anlehnen, erfüllt; bei vokalisch anlautendem Tonworte steht noch heute *del* (geschrieben *de l'*). Wenn sich auch vor konson. Anlaute Formen wie *del*, *el* finden, so ist dies eben eine hinter der lautlichen Entwicklung zurückgebliebene Schreibung; *nel* kommt aber mit Ausnahme eines einzigen Falles (7099) immer in dieser Gestalt vor, was

---

[1] Unter *l̄* sind hier die lat. Grundlagen des mouill. *l*, nicht dieses selbst gemeint. Die Aufstellung eines eigenen Zeichens hiefür würde sich aus Gründen der Deutlichkeit und Kürze empfehlen.

erklärlich ist, da hier kein so enger Zusammenhang wie zwischen dem Artikel und dem Subst. besteht. Vor kons. Anlaute stehen: *del* 1597, 2031, 2933, *el* 64, 171, 186 etc., daneben schon *dou* 644, 1179, 2134 etc., *ou* 1245, 2455, 3197 etc.; auch *u* findet sich geschrieben: 581, 670, 950 etc. Ganz vereinzelt ist die Entwicklung des Pronomens *illum* bei Anlehnung an *non* zu *nel, nou* in 7099; doch findet sich diese seltene Form gerade in der von uns nicht als echt anerkannten Tirade 7097—7100.[1]

Somit fallen die Ausgänge -*ĭll* + Kons. (durch -$e̜l$ + K., -$o̜l$ + K.), -$o̜l$ + Kons. und -*al* + Kons. nach gröfseren oder geringeren Lautwandlungen schliefslich in *au* + Kons. zusammen, eine Eigentümlichkeit der überlieferten Sprache, die nur in picard. Denkmälern anzutreffen ist.

Die Gruppe -*ĭll*+Kons. zeigt neben der genannten Entwicklung zu *au* noch eine andere, wo sie mit -*ĕll* + Kons. zusammengeht und schliefslich zu *iau* gelangt. Vergleichen wir die Zwischenglieder der beiden von derselben Basis ausgehenden Reihen: -*ĭll* + Kons., vulglt. -$e̜ll$ + K.: -$e̜l$, -$o̜l$, -$o̜u$, -*au* und -*ĭll* + K.: -$e̜l$, -*eal*, -*ial*, -*iau*,[2] so sehen wir, dafs der Konsonant *l* eine doppelte Rolle spielt: einmal bewirkt er in Verbindung mit dem folgenden Konsonanten die Verdumpfung des vorangehenden Vokals, das anderemal dessen Brechung zu *ea*. Infolge der eigenartigen Natur des *l* (der allerdings auch übertriebene Wirkungen zugeschrieben worden sind) scheint lat. $\check{\imath}$ (vlg. $e̜$) vor gedecktem *l* früher als in Position vor anderen Konsonanten offen ausgesprochen worden zu sein, so dafs es dann dieselbe Weiterentwicklung durchmachen konnte wie ursprüngliches $e̜$ vor gedecktem *l* in *bellus*.[3] Auch *e* aus lat. *a* scheint von *l* in diesem Sinne beeinflufst worden zu sein, denn die Lautgruppe -*els* = lat. -*alis*, -*ales* zeigt ein merkwürdiges Verhalten: es diphthongiert dieses sekundäre *e* wie ursprüngliches lat. $\acute{e}$ in freier Stellung zu *ie*: *tiels, piels; tieus, pieus,* Bildungen, die

---

[1] Über *illos* = *aus* und *dou, ou* insbesondere vgl. Mussafia, Z. f. d. öst. Gym., 1877, S. 201 ff.; Förster, Chev. as II esp., S. XLVI, und Z. f. d. öst. Gym., 1874, S. 151.

[2] Vgl. Förster, Z. f. rom. Phil., I, 564.

[3] In allen diesen Fällen handelt es sich um gemin. *l*.

zwar nicht in unserem Texte stehen, aber vergleichsweise hier angeführt werden mögen.[1]
Beispiele für *iau:*
1. *-ill* + Kons.: *ciaus* 519, 1807, 3354, *chiaus* 2551, *iciaus* 3467, *caviaus* 6548, 6779 (Hs. *-iax*).
2. *-ĕll* + Kons.: *biaus*, Sg. 187, 1752 (Hs. *biax*), 2737 etc.; Pl. 807 (Hs. *biax*), 1521 etc., unbetont *biautés* 3158, *biauté* 3495. Der Konsonant hinter *l* kann auch den Anlaut des folgenden, syntaktisch enge verbundenen Wortes bilden: *biau Sire* 80, 1449, *biau frere* 585, 590 etc. Fernere Beispiele sind *coutiaus* 264, *damoisiaus* 574, *dansiaus* 2579, *piaus* 648, *castiaus* 728, *aniaus* 1459, *crestiaus* 1680, *hiaume* 1905, *oisiaus* 3275 etc. Hier ist auch *Geriaumes* 3049 etc. anzuführen, ein Kompositum von *iaume* = * *helmum*, vgl. den auf ähnlicher Zusammensetzung beruhenden Eigennamen *Guillaume*. Die Herausgeber übersetzen *Geriaume* irrtümlich mit *Jérôme*. In *elmes* 824, 984, *belté* 10487, *bel tesmoignage* 1401, wo die Entwicklung zu *iau* scheinbar unterblieben ist, liegt nur veraltete Schreibung vor.

Eu, ieu, iu.

Der Diphthong *eu* hat mehrere Quellen. Die erste und wichtigste, vulglt. ǫ in betonter freier Stellung, wurde bereits behandelt. Die zweite ist lat. *-al* + Kons. (*-alis, -ales*): *teus* 184 (Hs. *eus*), 3220, *iteus* 3512, *osteus* 3144, *menestreus* 7228, 7316, 8443, sämtliche Beispiele aus der Überlieferung; einmal in *e*-Assonanz: *crimineus* 10223, jedoch wie die früheren dem Kopisten gehörig, vgl. 8728. In der Assonanz steht blofs *-és*: *tes* 2007, 3676, *ites* 5101, *poitres* 3206, *carnes* 3347 (Hs. *carné*), 3510, *charnes* 9009, *mortes* 3683, 7304, *menestres* 7250, 7822, 8315, *natures* 10388. Das Suffix *-alis* erfährt also in der Sprache des Dichters und jener des Schreibers eine verschiedene Behandlung. Aus Toblers Aniel, S. XXIX, wissen wir, dafs *-es* neben *-eus* nicht nur derselben Mundart angehört, sondern dafs beide gleichberechtigt in den Reimen eines und desselben Gedichtes vorkommen, so in Renart le Nouvel (Lille); damit

---

[1] Vgl. Mussafia, Z. f. d. öst. Gym., 1877, S. 201, wo die Reihe *-alis: -els, -eus, -ieus* aufgestellt wurde.

stimmen auch die Ausführungen Suchiers überein.[1] Beide Entsprechungen sind im Picardischen gewöhnlich.

Eine weitere Quelle des Diphthonges *eu* ist lat. *-ĭll* + K.: *caveus* 173, 1225 (Hs. *cavex*), 1229 (idem), 1991 etc. im Versinnern. Diese Entwicklung einer und derselben lautlichen Grundlage nach verschiedenen Richtungen ist bemerkenswert. Schon früher ist gezeigt worden, dafs *-ĭll* + K. durch *-ęl*, *-ǫl* zu *-au* werden und mit lat. *-al* + K. = *-au* zusammenfallen kann; jetzt sehen wir eine auf andere Weise zustande gekommene Annäherung, nämlich *-ĭll* + K.: *-el*, *-eu* = *-eu* aus *-el*, *-al* + K. Jede dieser beiden Lautgruppen ergibt dreierlei Resultate: *-ĭll* + K. = *au, iau, eu;* *-al* + K. = *au, e, eu.*

Der Triphthong *ieu* läfst sich gleichfalls auf mehrere Quellen zurückführen: er entsteht gemeinfranzösisch aus betontem off. *e* + *U*, mag dieser letztere Vokal ursprünglich oder sekundär sein. Beispiele aus der überlieferten Sprache: *Dieus* (Hs. *Diex*) 20, *Dieu* 58, *mieus* (Hs. *miex*) 95, *lieues* 13, *vieus* (Hs. *viex*) 54 etc. Im Acc. Sg. und Nom. Pl., wo kein *s* folgt, genügt der konson. Anlaut des folgenden Wortes, um *l, l̃* zu vokalisieren; so ist *viel* 5931, 7828, 8436 etc. blofs eine verspätete Schreibung. Eine mundartliche Quelle von *ieu* ist *il, il̃* vor Konsonant, wie die Bildungen *gentieus, fieus* etc. zeigen, von denen bereits die Rede war. Schliefslich entsteht *ieu* aus lt. ŏ in *lŏcum* = *lieu* 2317, 2319 etc., während *fŏcum* und *iŏcum* immer *fu* und *ju* ergeben, Formen, die speciell dem Picardischen eigen sind.[2]

Der Diphthong *iu* entwickelt sich aus lat. *ĭ* + *U* und für das Auge auch aus *é* + *U* (*ieu*) in der Mundart der Überlieferung; vgl. die Beispiele auf S. 39.

Oi, ui.

Wir scheiden die *oi*-Diphthonge nach ihren verschiedenen Quellen, obgleich ihre Entwicklung zu Beginn des XIII. Jahrhdts. schon soweit vorgeschritten ist, dafs sie unter sich assonieren und reimen können;[3] denn diese Angleichung läfst sich einerseits aus den Assonanzen unseres Gedichtes nicht erweisen,

---

[1] Jen. Lit. Ztg., 1878, S. 474.
[2] Vgl. Förster, Chev. as II esp., S. XL.
[3] Vgl. Rofsmann, a. a. O., S. 23.

andererseits kennen wir noch nicht dessen Alter, und schliefslich ist Trennung der verschiedenen *oi* auch um die oben genannte Zeit noch in einzelnen Denkmälern durchgeführt.
1. Der Diphthong *ǫi* aus betontem vulglt. *ǫ* (oder *ọ* vor Nasalis) + I. Die Aussprache ist fallend, wie sich aus dem Vorkommen von *tesmoing* 9516 und *besoing* 10043 in *on*-Assonanz ergibt. Da im Centralfranzösischen der Übergang von *ǫ́i* zu *ǫę́* schon in der ersten Hälfte des XIII. Jahrhdts. stattgefunden hat,[1] spricht die besagte Bildung entweder für ein höheres Alter unseres Denkmals oder aber für picard. Herkunft, weil in dieser Mundart die fallende Betonung bis ins XIV. Jahrhdt. bewahrt blieb. Allerdings bestreitet Rofsmann die Existenz eines Diphthonges in diesen beiden Wörtern; er sieht in dem *i* (*ng*) nur ein graphisches Zeichen für *ñ* und schliefst dies aus dem Umstande, dafs *oin* zur Zeit des Überganges von *ǫ́i* zu *ǫę́* von diesem Lautwandel nicht berührt wurde, was nur darin seine Erklärung finden könne, dafs hier nicht *oi* + *n*, sondern *ǫ* + *ñ* vorliege. Aber auf S. 36 seiner Abhandlung schreibt er die Erhaltung des Lautes *ǫin* der palatalen Aussprache des *n* zu. Wenn *ǫin* die phonetische Geltung von *ǫñ* hatte, bedurfte es nicht der konservierenden Kraft des palatalen Konsonanten, da eben *ǫ* überhaupt nicht zu *ǫę́* werden kann.

Ebenso wie in *tesmoing*, *besoing* leugnet Rofsmann[2] den Diphthong in *poing*, *soing* etc. „Hier konnte das *i*-Element sich nie mit dem vorausgehenden Vokale zum Diphthongen vereinigen; wo aber Vereinigung stattfand, dürfen wir wohl annehmen, dafs das *ń* zuvor seinen palatalen Wert aufgab." In der Bildungszeit der Wörter auf *ọ́* + *nj* + Vok., *ọ́* + *ng* + Vok., *ọ́* + *gn* + Kons. oder ursprüngl. *gn* ist wohl auch im Auslaut palatales *n* gesprochen worden; diesem *i*-Gehalt des mouillierten Lautes assimilierte sich nun der vorhergehende Vokal dergestalt, dafs er selber *i*-farbig wurde.[3] Es braucht dabei nicht angenommen zu werden, dafs mit der Entstehung des Diphthonges *oi* sogleich die palatale Aussprache des *n* schwand. Die diphthongische Geltung des betonten Lautes in *tesmoing*, *besoing*, *poing* etc.

---

[1] Rossmann, a. a. O., S. 24. [2] A. a. O., S. 7.
[3] Neumann, a. a. O., S. 30.

= ǫi + ñ scheint uns um so sicherer, als die Entwicklung eines diphthongbildenden *i*-Elementes aus mouillierten Lauten wie ñ, ĩ auch da bezeugt ist, wo sie nicht im Auslaut stehen, wie in *compaigne*, *mervoilles* 9006 etc. Die Natur des auslautenden *n* in oben genannten Wörtern wird von Suchier,[1] Neumann[2] und Raynaud[3] als palatal aufgefafst; die Bezeichnung durch *ng* ist charakteristisch für den Laut, welcher früh die gutturale Aussprache annahm.

Innerhalb der Zeile stehen ähnlicher Bildungen mehr, doch bieten sie nichts Besonderes; höchstens ihre Schreibung könnte interessieren, vgl. *quin* (*coin*) 1794, *puing* 670, 684, *puins* 501, 1225 neben *poing* 5134, 5135, *poins* 6779, 6861 etc. Für die palatale Natur des *n* sprechen Schreibungen wie *puign* 5625, *puingn* 7985. Charakteristisch für die überlieferte Sprache ist die Behandlung des Suffixes in *mençoigne* 1399, 3700, 5389 etc., welche Form dem Picardischen eigentümlich ist.[4]

2. Der Diphthong *oi* aus früherem *ei*, vulglt. *ẹ* in betonter freier Stellung. Er bildet eine Tirade (5556—5563), welche rein ist, vgl. S. 35. Fremdartig für die Sprache des Kopisten sind *poinne* 7092 und *mervoilles* 9006; sonst hat unser Text nur *consel* 4668, 5855, 6652, *conseil* (= *consẹl*) 609, 10011, 10015 etc., nie *consoil* wie im Burgundischen.

3. Der Diphthong ǫi aus vulglt. ǫ + I: *oile* 3265, 3350. Dieses ist das einzige Wort, wo in betonter Silbe die Weiterentwicklung zu *ui* (durch *uei*) nicht eingetreten ist; in vortoniger Stellung regelrecht *oi*: *poisant* 2945, 3013, 4710, *anoia* 2650.

4. Der Diphthong ǫi aus lat. *au* + I: *poi* (*paucum*) 914, 3643, 4659 etc. Auf sekundäres *au* + *I* geht *oi* zurück in *oi* (*habui*) 123, 146, 157, *soi* (*sapui*) 3866 etc., neben *oc* 161, *soc* 1116 etc. Einer Fortentwicklung wie der frühere ist dieser Diphthong bekanntlich nicht mehr fähig.

Der Diphthong *ui* aus der oben (3.) genannten Quelle: *anui* 116, *hui* 399, *nuit* 592, *huis* 4389, *uis* 5236 etc., sämtliche Belege aus dem Versinnern. Durch Übertragung aus der betonten

---

[1] Jen. Lit. Ztg., 1878, S. 473.   [2] A. a. O., S. 40.
[3] A. a. O., S. 332.
[4] Vgl. Förster, Jahrb. f. rom. u. engl. Spr. u. Litt., XIII, 198 und 304; Chev. as II esp., S. L.

Silbe: *anuitić* 507. Ein spätes Kompositum, aus dem schon fertigen *hui* gebildet, ist *huimais* 19. Dem Wallonischen, Lothringischen und Burgundischen ist dieser Diphthong fremd.

Eine andere, gemeinfranzösische Quelle von *ui* ist lat. *ū + i : lui* (die betonte Form des mask. Personalpronomens) 1374, 1738, 2189; seine steigende Betonung ist durch die Verwendung in *i*-Assonanz gesichert. Zweimal steht *li* (die tonlose Form) in der Assonanz, so 853, 1379; sie gehört wohl dem Schreiber an, welcher *lui* und *li* unterschiedslos gebrauchte, was eine Eigentümlichkeit des Nordens zu sein scheint, da auch Raoul de Houdenc dieselbe Vermischung zeigt. Die Assonanzen des Aiol dagegen zeigen gröfstenteils die alte, fallende Betonung, welche indessen schon in der 2. Hälfte des XII. Jahrhdts. ins Schwanken geriet.

Ie.

Die Entwicklung dieses Diphthonges aus lat. *a* in freier betonter Stellung unter den von Mussafia und Bartsch formulierten Bedingungen, dann aus vulglt. *ę* in gleichfalls offener Silbe ist eine gemeinfranzösische Erscheinung, über welche schon in einem früheren Abschnitte gehandelt wurde. In gewissen mundartlichen Gebieten reduziert sich die Lautgruppe *iée* zum fallenden Diphthonge *ie;* es geschieht dies meist bei den Part. Pf. Fem. der Verba I. Konj. auf *-ier*, dann im Präs. gewisser Verba und bei Substantiven, wo *ie* mit folgendem *e* zusammentrifft.[1] Die Überlieferung unseres Gedichtes weist solche Bildungen nur in beschränkter Zahl auf: die Part. Pf. Fem. *baisie* 769, *baissie* 861, *baisies* 8059, *apoïe* 7988; die Verbalformen *cient*[2] (*cadunt*) 1503, *asient* (= *assiéent*) 8463, und das Substantivum *maisnie* 306; sie können als erhaltenes ursprüngliches Gut angesehen werden, da in der einzigen weiblichen *i*- Tirade (9112—9220) dieselben Formen mit Wörtern wie *mie, dire, Marie* etc. in Assonanz erscheinen. Mit Bestimmtheit dem Verfasser angehörig sind die Part. Pf. Fem. *baissie* 9120, *deugie* 9123, *abussie* 9125, *abusie* 9144, *agenoillie* 9126, *blecie* 9132, *esclarcie* 9135, *commencie* 9169, *trencie* 9215; die Substantiva *maisnie* 9113, 9153, 9164, 9168, *caucie* (nfr. *chaussée*) 9116,

---

[1] Vgl. Mussafia, Z. f. r. Phil., I, 411.
[2] Die Hs. hat *ciient*.

9127, 9149, *huchie* 9166. Nach G. Paris[1] zeigt sich diese Kontraktion von *iée* zu *ie* zuerst im Picardischen, nirgends aber vor dem 3. Drittel des XII. Jahrhdts. Was die örtliche Verbreitung dieser Erscheinung betrifft, so reicht sie vom Meere bis zum Jura: Denkmäler aus dem Ponthieu, aus Artois, Flandern, Hennegau, Lothringen und Burgund zeigen in gröfserer oder geringerer Anzahl Beispiele für diese Reduktion.[2]

Vor gedeckter Nasalis ist der Klang des Diphthonges *ié* noch völlig rein, da der Dichter *paiiens* 41, *paiien* 141 (Hs. beidemale einf. *i*), *Orliens* 64, *vient* 79, 184, *biens* 212 u. s. w., mit *-ier*, *-ié* etc. bindet.

Eine Eigentümlichkeit des nördlichen Gebietes ist auch der Diphthong *iẹ̆* aus lat. Positions-*ĕ*. Wie bereits gezeigt worden ist, war diese Erscheinung der ursprünglichen Mundart unseres Denkmals fremd, während die Überlieferung eine gröfsere Zahl von Fällen aufweist.

B. Unbetonte Vokale.

In diesem Kapitel sollen die Vokale in nebentoniger, in vor- und nachtoniger Silbe und im Auslaute behandelt werden. Eine vollständige Darstellung des unbetonten Vokalismus in unserem Denkmale wird hier nicht beabsichtigt; es handelt sich vor allem um die Feststellung der unserem Gedichte eigentümlichen und mundartlichen Züge, und zwar nur um Züge in der Sprache der Überlieferung, da uns hinsichtlich jener des Dichters alle Mittel im Stiche lassen. Weiter verbreitete Erscheinungen werden, sofern es das einheitliche Gesamtbild erheischt, jedoch nur kurz berührt werden.

1. Vokale in nebentoniger Silbe.

Die nebentonigen Vokale zeigen eine von jener der haupttonigen verschiedene, aber gleichfalls bestimmten Gesetzen unterworfene Entwicklung, nur kommen hier konsonantische und analogische Einflüsse leichter zur Geltung. Die Gesetze über die

---

[1] Alexis, S. 267—268.
[2] Vgl. darüber Suchier, Auc., S. 65, 29; Förster, Rich., S. VIII ff., Jahrb., XIII, 198, und Z. f. d. öst. Gym., 1874, S. 136 und 158; 1875, S. 540.

Lage des Nebentons sind noch nicht endgiltig festgestellt;[1] doch kann im allgemeinen als Regel gelten, dafs bei zwei- und dreisilbigen Wörtern die erste (anlautende), bei viersilbigen die zweite Silbe den Nebenton trägt, wobei von Präfixen und Präpositionen abzusehen ist.

A.

1. Als *a* erhalten: α) in gedeckter Stellung: *armer* 153 (direkter Anlaut), *castel* 108, *cargier* 406, *carbons* 6287 etc.; β) meist auch in freier Stellung: *amour* 279, *faés* 28, *desfaé* 2525, *paour* 638 (aber *espëuris* 1674, vgl. unten *pëur* 6768), *palefroi* 109, *caveus* (*căpíllos*) 173, 1225, *caveche* 5096, 5102, *caierc* 2671, *canel* 8474, *encaenés* 2351 etc., vgl. unten 2, β.

2. Zu *e* geworden: α) im Hiatus mit dem Tonvokal, herbeigeführt durch Ausfall des ursprünglich dazwischenstehenden Konsonanten: *pëur* 6768; *malëuré* 6997 nach *malëur;* β) oft bei vorausgehender Gutturalis, der im Centralfranz. eine Palatalis (*ch*) entspricht: *cemin* 607, *ceval* 762, *këus* 7226; die Formen *caveus, caveche* etc., von denen unter 1, β die Rede war, zeigen indessen, dafs wir es hier mit keinem Gesetze, sondern blofs mit einer Neigung zu thun haben; γ) ganz vereinzelt in gedeckter Stellung: *ermine* 56, *hermins* 4008, *ermin* 6865, *hermin* 7164.

3. Zu *o* verdumpft: durch Assimilation an den Tonvokal in *Loon* 140, 1474; durch Dissimilation in *Onnestase* 1515 und *Nouel*[2] 260; durch Einflufs der vorangehenden Labialis in *espoentés*[3] 3276, 10228, *espoenté* 3328.

---

[1] Vgl. F. Harseim, Rom. Stud., IV, S. 274; W. Schumann, Franz. Stud., IV, 4. Heft, S. 13 ff.; E. Schwan, Grammatik des Altfranzösischen, § 47, und A. Mussafia, Z. f. d. Realschulwesen, XIV, 70. Während Harseim in *căpíllos, părăbŏla, ămătis* etc. auf der ersten Silbe trotz der Kürze des Vokals einen Nebenaccent annimmt, setzt Schwan § 47, 2 und § 123 bei zweisilbigen Wörtern einen solchen nur auf natur- oder positionslange Vortonsilben, doch widerspricht er seiner eigenen Theorie, wenn er § 73, 2 neben *cărĭtătem,* * *cănŭtum* auch *căpĭstrum, dis + căpĭllăre,* * *căp-ĭttum,* und § 89 *vĕnīre,* * *tĕnīre* als Beispiele von nebentonigem *a* beziehungsweise *ę* anführt.

[2] Schwan, a. a. O., §§ 54 und 124 A. setzt ein vlt. *notale* an.

[3] Die nachfolgende Labialis (*épouvanter*) erscheint nicht vor dem XV. oder XVI. Jhdt., vgl. G. Paris, Rom., XIX, 124.

E.

Vulglt. ẹ und ę (klass. ẹ̄, œ̄, ĭ und ě, ǣ) fallen aufserhalb des Haupttones in ę zusammen.

1. Als *e* erhalten: *α*) in gedeckter Stellung, z. B. *ersoir* 1372, *bescuit* 2814 etc.; *β*) in freier Stellung: *creaule* 2360, *creans* 2957, *seaus* 132, *bevés* 1201, *Sesile* 2462, 9025, *trëu* 6885, *segnour* 1, *eaige* 12 etc.

2. Zu *i* geworden: *α*) oft vor *i*-hältigen (sog. jotazierten oder mouillierten) Konsonanten: *millor* 587, 2474, *villier* 2038, *esvilliés* 4968, *villiés* 4976, *vigniés* 346 (neben *vegniés* 422) etc., doch ist diese Erscheinung nicht auf den Anlaut beschränkt, vgl. *consillier* 80, *consilliés* 9610 (neben *conselier* 6093), *mervilant* 2938, *Orgilleus* 4573, *esmervila* 4733, *esmervilić* 9616, *engignié* 3290, 3295 etc.; vereinzelt: *iretaige* 11, *iretier* 25, 92, *iretiés* 151, *desireté* 2279 etc., wo Dissimilation im Spiele ist, ferner *gisiés* 69 durch Assimilation an die Tonsilbe und gleichzeitigen Einflufs der vorangehenden Palatalis, endlich *ivoire* 5287 und das mundartliche *infer* 1958, 2021, 2315 etc.; *β*) im Hiatus: *cria* 2666.

3. Zu *a* geworden: in direktem Anlaut *aé* (durch Dissimilation) 554, 2825, 2855, *anui* 116, *anoia* 2650, *anemi* 1540, *anemis* 3345, *asaiiés* 7414; bei vorangehendem Konsonanten *dalés* 10195, oft in der Vorsilbe *re-*: *rasace* 1924, *ramembra* 2646, *ramembrer* 8733, besonders im Hiatus: *raemant* 298, 1169, 1187, *raemplis* 955, *raençon* 9507, wo Dissimilation vorliegt; aus gleichem Grunde *vaer* 5157, 7381 (neben *veer* 7810), doch ist dieser Vorgang nicht auf die erste Silbe beschränkt, vgl. *monaés* 2861, *monaé* 4916, *monnaé* 5173, *esfraés* 3340, 3756, 3849, *conraer* 6189, *conraé* 9407 (neben *moneé* 6346, *esfreé* 7762 etc.). Ein folgendes *l* oder *r* begünstigt gleichfalls den Wandel eines *e* zu *a*: *sauvaige* 6, 10, *salvaige* 14, *parçut* 1950 wie das proklitische *par*. *Sarai* 3130, 3135, *sarés* 468, *saront* 474 etc. sind mundartlich[1]. In *maneçant* (für *menaçant*) 1159, 1339, hat Umstellung der beiden unbetonten Vokale stattgefunden.

---

[1] Burgundisch, vgl. Förster, Z. f. d. öst. Gym., 1874, S. 136.

4. Zu *o* oder *u* durch Einfluſs der konsonantischen Umgebung: *provost* 523, 3991, 4106, *provos* 3998, 4020, 4279, *prouvost* 8821 (neben *prevost* 3051) durch die folgende, *desfubler* 7344, *desfuler* 7817, *afuler* 7367 durch die vorausgehende und folgende Labialis beeinfluſst; daſs die zweite Labialis in den beiden letztgenannten Wörtern nach geübter Einwirkung abgefallen ist, thut nichts zur Sache. Dieser verdumpfenden Wirkung der labialen Umgebung entzog sich *abevrer* 4090.

5. Abfall in anlautender Silbe: bei direktem Anlaut in *age* 7148, 7596; ferner in *vreté* 28, 87, 174 etc., *fru* (P. Pf. von *ferir*) 4745.

6. Diphthongierung unter Einfluſs der Tonsilbe: *sievi* 111 etc.

I.

Vulglt. $\underset{.}{i}$ (klass. $\bar{i}$) ist in gedeckter wie in freier Stellung mit wenigen Ausnahmen erhalten, vgl. *milliers* 146; *irić* 93, *visaige* 16, *lignaiges* 1575, *mirable* 2324, *limon* 7015 etc. Durch dissimilierenden Einfluſs des haupttonigen Vokals wurde es zu *e* in *premiers* 678 (nach diesem auch *premerains* 6045), *fenis* 1497, 1730, 8404, *feni* 2043; gleichen Einfluſs übte der vortonige Vokal in *creminel* 3517, *creminés* 8728.

O.

Vulglt. $\underset{.}{o}$ und $\underset{.}{o}$ (klass. $\bar{o}$, $\check{u}$ und $\check{o}$, *au*) fallen auſserhalb des Haupttons in $\underset{.}{o}$ oder *ou* zusammen.

1. In gedeckter und freier Stellung erhalten, vgl. *ostaiges* 2377, *fourmé* 7015, *rapourter* 7093, *pourterez* 7102, *coumant* 7023; *flori* 1013, *flouri* 1685, *fluri* 1234, *plorer* 2929, *ploura* 1658, *furnir* 1029, *ou* (*ubi*) 736, *u* 670 etc. Die Schreibung schwankt also, selbst vor Nasalis, vgl. *ounor* 4188.

2. Zu *e* geschwächt in *Jehan* 5396, *behorder* 7556, 7996, *seror* 7885; in den beiden letzteren Fällen ist Dissimilation anzunehmen. In *pëust* 2474, *mëus* 9223 etc. hat morphologische Angleichung an die Formen des häufiger gebrauchten Verbs *habere*: *eust*, *eu* stattgefunden.

3. Zu *a* in *dant* 623, *dame* 6108, welche als Titel nebentonig sind, und *prametés* 4422.

U.

Vulglt. *u* (klass. *ū*) bleibt in gedeckter wie in freier Stellung erhalten, vgl. *pucelle* 788, *muraige* 13, *mua* 1272, *Huelin* 967 etc. Ausnahmen keine.

2. Vokale in vortoniger Silbe.

Unter Vortonvokalen im allgemeinen werden alle der haupttonigen Silbe vorangehenden Vokale verstanden; im besonderen wird diese Bezeichnung für den der Tonsilbe unmittelbar vorhergehenden tonlosen Vokal gebraucht. Um diese Vortonvokale im engeren Sinne wird es sich im Folgenden handeln.

Das Verhalten der Vokale in vortoniger Silbe wurde von A. Darmesteter, Rom., V, 140 ff., in die bekannte Formel gebracht. Diesem Gesetze zufolge fallen, wenn nicht der Einfluſs der Analogie hemmend dazwischen tritt, alle freien Vokale mit einziger Ausnahme des lt. *a* spurlos ab; entstünden dadurch zu harte Konsonanten-Verbindungen, so bleibt der Vokal in geschwächter Gestalt als *e* erhalten. Beispiele:

1. *A* wird zu *e*: *peceours* 431, *orfelin* 582, *orfenin* 606, *aleure* 997, *sairement* 1639, *armeures* 1913, *marceans* 7208, *abeie* 8907 etc. Im Hiatus verstummt dieses *e* schon hie und da: *jougleur* 8284 zweisilbig (neben *jouglëour* 8304), *abie* 8889, 9074, 9333 etc., vgl. die weiteren Beispiele auf S. 11 dieser Abhandlung. Häufiger noch findet sich Ausfall des *e* aus lt. *a* im Fut. und Kond. von Verben der I. Konjugation, wovon noch in einem späteren Abschnitte gehandelt werden wird; vgl. Bildungen wie *donrai* 954, 2107, 3474, 3709 etc., *donra* 3809, 5526, *donrons* 6886, *donrés* 7587, 8874, 9522, *donroie* 6355; *lairai* 2471, 6665, 6935 etc., *lairés* 5136, 7102; *aidrai* 6651, 8265; *jurrai* 1398, *parrai* (*parlerai*) 2227, *doutroit* 4870, *portront* 5139, *demandra* 5986, *gardroie* 6928.

2. Alle anderen Vokale fallen ohne Rücksicht auf Quantität oder Qualität in dieser Stellung aus: vgl. *serrés* (*sĕdēre*) 7795, *remanrés* 7959; *lasté* 2786, *freté* (mundartlich für *ferté*) 5245, *fretés* 8764; *orrés* (*audīre*) 19, 22, *venront* 426, *harra* 645, *ferra* 4344, 4967; *araisniés* 195, *raisnier* 339, *araisnant* 2943; *membrés* 2733; *jougleres* 7160; *aidai* 6999, *aidiés*

7028, *aidier* 7139, *menga* 7186 etc. Wo der Ausfall unterbleibt, ist dies auf analogischen Einfluſs jener Formen zurückzuführen, in denen der betreffende Vokal in haupttoniger Silbe steht, vgl. *araisonnant* 1337, *araisonna* 4349 (während *desraisne* 1360 Analogie in entgegengesetztem Sinne zeigt), *honorer* 4814, *honnorer* 8705, *emprisonés* 5861, *desprisonner* 158, *descoulorés* 6387, *descolorés* 9712, *coronné* 9679 etc.; so auch im Fut. und Kond. vieler einfacher und sämtlicher inchoativer Verben auf *-ir* nach Analogie des Infinitivs und der I. Konjugation, wozu noch kommen mag, daſs das Bewuſstsein der Komposition nicht gänzlich geschwunden war. Der Einfluſs des Fut. und Kond. der I. Konjug. auf die entsprechenden Tempora der lat. II. und III. hat auch beigetragen zur Entstehung von Formen wie *renderai* 692, *saverai* 830, *meterai* 952, *perderés* 1769, *averoit* 2280, *avera* 3237, *atenderés* 3705, *isteront* 6738 etc., an welcher der dem *r* eigene Stimmton denselben Anteil hat wie an den Bildungen mit sog. furtivem *e*: *camberiers* 452, *marberins* 1002, 1242, 6301, *Osteriche* 11 etc.

Gelehrte Bildungen oder solche aus schon fertigen französischen Wörtern entzogen sich natürlich dem Darmesteter'schen Gesetze. Wir geben nur eine Auslese von den vielen Beispielen: *paradis* 203, *parisis* 698, *genetris* 788, *crocefis* 1568, *croucefis* 1667, *Honnoré* 1693 (*Honneré* 1767), *humilité* 2307 (*humelité* 8256), *penitance* 2547, *aversité* 2782, *duceé* 3111, 9025, *duceés* 8770, *povretés* 3243 (aus *povre*), *diverseté* 3775, *visiter* 3896 (*viseter* 587, 718 mit volkstümlichem Anstrich), *nobilité* 4765 etc.

Wenn durch den Ausfall des Vortonvokals eine zu harte Konsonanten-Verbindung entstanden wäre, so blieb derselbe bekanntlich als *e*, z. B. *pavement* 1286 etc. Wie schon eingangs bemerkt, findet der Ausfall nur in freier Stellung statt, vgl. *senestriers* 498 etc.; in *courciés* 3360, 7173 (neben *coureciés* 124, 179, 220) begünstigte die Liquida den Verlust des gedeckten Vokals. In *poosté* 3228, 3438, 4400 etc. glich sich derselbe dem nebentonigen, in *esprivier* 7404 dem haupttonigen Vokale an.

3. Vokale in nachtoniger Silbe.

Von Nachtonvokalen im eigentlichen Sinne kann im Französischen seit dem XII. Jhdte. nicht einmal mehr bei gelehrten

Wörtern gesprochen werden[1], da diese, wenn sie den vorletzten Vokal schon nicht abwerfen (in *jovenes* 2286, 3064, *jovene* 3060, 4066 ist, wenn man nicht lieber *oue* als überladene Schreibung für *eu* auffafst, nur für das Auge ein Proparoxytonon vorhanden), doch den Hauptton um eine Silbe nach rückwärts verschieben, vgl. *apostóles* (Papst) 2486, 2489, 2500, neben *apostles* (Apostel) 1981, *apostle* 2027 etc. Dieses Kapitel bietet sonach zu weiteren Erörterungen keinen Anlafs.

4. Vokale im Auslaut.

Unser Denkmal hat nur ein einziges Beispiel für das Verstummen des auslautenden *e* aus lt. *a*, und zwar geschieht dies hinter einem Diphthong (in welcher Stellung dieser Vokal allem Anscheine nach zuerst zu schwinden begann[2]): *renoierai* 10002, dreisilbig gebraucht. Selbstredend kann die 3. Sg. Impf. Ind. nur -*oit* sein, seit dem XI. Jahrhdte. die einzig gebräuchliche Form. In der Imperativform *lai* 6517, 6615 ist das *e* nicht aus phonetischen Gründen, sondern wegen morphologischer Angleichung an *fai* (*fac*) weggeblieben.

Fassen wir die eben einzeln vorgeführten Erscheinungen unter einem einheitlichen Gesichtspunkte kurz zusammen, so ergibt sich aus ihrer Betrachtung das Vorhandensein bestimmter Gesetze, deren Wirkung allerdings häufig von anderen Einflüssen durchkreuzt wird.[2] Solche Einflüsse werden oft ausgeübt:

I. von der Lautgestalt des betonten Vokals desselben, oder eines stamm- oder begriffsverwandten Wortes, und zwar:

1. durch Übertragung derselben in die unbetonte Silbe, vgl. *sievi* 111, *cierté* 3227, *lieuée* 4645, *lieuer* 7343, *juer* 6758, *reuber* 7305, *beubance* 8959 etc.

2. a) durch Dissimilation, vgl. *aé* 554, *vaer* 5157, *fenis* 1497, *esperons* 7599, *seror* 7885 etc.; diese differenzierende Wirkung kann jedoch auch von einem unbetonten Vokale

---

[1] Vgl. Meyer-Lübke, Grammatik der rom. Sprachen, I. §§ 325, 336, 339. [2] Ders., a. a. O., I, § 301.
[3] Ders., a. a. O., I, § 358 ff.

ausgehen, vgl. *racment* 298, *creminel* 3517, *coureciés* 124 etc.;
b) durch Assimilation an den Tonvokal, vgl. *sauvage* 6, *Loon* 140, *esprivier* 7404 etc., und an einen unbetonten Vokal in *sooler* 1916, *poosté* 3228 etc.

II. von umgebenden Konsonanten, und zwar meist in assimilatorischer Weise:
1. von labialen, vgl. *provost* 523, *espoentés* 3276, *desfubler* 7344 etc.;
2. von *r*, vgl. *parçut* 1950;
3. von folgender Nasalis, vgl. *Onnestase* 1515, *anemis* 1540, wenn man nicht lieber beide Fälle durch Dissimil. ($a — á : o — á$ unter Mitwirkung der Nasalis, und $e — e \dashv : a — e \dashv$) erklären will;
4. von vorhergehender oder nachfolgender Palatalis, vgl. a) *ceval* 762, *kéus* 7226 etc. (in unserem Denkmal Gutturalis); b) *travilliés* 431, *consillier* 80, *millor* 587, *genillons* 1602, 1628, *vigniés* 346, *engignié* 3290 etc.; mundartlich ist der Einfluſs einer nachfolgenden Sibilans, vgl. *orisson* 2043, *alissiés* 4687, *pardonnissiés* 10348, *aparissant* 1122, *connissant* 2965 etc.

III. von Wörtern häufigen Gebrauches (morphologische Angleichung), vgl. *pëust* 2474 (an *eust*), *mëus* 9223 (an *eu*), *prenderai* 239, *renderai* 692 etc. (an die viel zahlreicheren Verba der 1. Konjug.).

Schlieſslich sind noch speciell mundartliche Abweichungen zu bemerken, deren Ursachen oft schwer zu erkennen sind, vgl. *infer* 1958, *prametés* 4422 u. a. m. Bei Lehnwörtern ist eine Gesetzmäſsigkeit im unbetonten Vokalismus ebensowenig als im betonten zu erwarten; doch zeigen manche einen volkstümlichen Anstrich, insofern in ihrer Aussprache Neigungen zutage treten, die wir auch in Erbwörtern bemerken, vgl. *Simions* 2854, *Alixandre* 3611 etc.

III.
Konsonantismus.

1. Liquide.

L. Vor Konsonanten ist *l* bereits vokalisiert, in der Handschrift aber erscheint es hie und da noch erhalten, wie denn phonetische und etymologische Schreibung auch sonst in stetem Streite sind. Es genügen einige wenige Beispiele: *vaut* 85, *saut* 341, *maus* 218, *osteus* 3144, *teus* 3220, *caveus* 173 etc., neben *malvais* 92, *valt* 1303, *salver* 6755 etc. Die gleiche Behandlung erfährt mouilliertes *l*: *vieus* 54, *mieus* 95, *conseus* 9970 etc. Neben Vokalisierung des *l* kommt auch, wenn gleich seltener, Ausfall desselben vor: *gentis* 737, *gentiment* 8672, *vot* 167, *cop* 889, *fos* 3282 etc.; ebenso hinter *u* oder einem auf *u* endigenden Diphthong: *nus* 2446, *sepucre* 2019, 2384, *seus* 119, 129 etc., aber immer nur in gedeckter Stellung. Der Dativ Pl. des Artikels erscheint immer in der Form *as*, vgl. 161, 211, 215 etc., doch ist hierin kein mundartlicher Zug zu erblicken.[1]

Mouilliertes *l* wird dargestellt: im Inlaut durch *-ill-*, *-ll-*, *-l-*, im Auslaut durch *-il* oder *-l;* vgl. Schreibungen wie *moillier* 90, *foilli* 991, *sailli* 1787; *mollier* 83, *viellece* 1044, *aparelle* 4704; *asalir* 122, *aparelent* 1732, *merveles* 3278, *fuele* 10268 und *conseil* 609, *soleil* 9317; *consel* 377, *viel* 5931, *esmervel* (*-je*) 924 etc.

Ob auch in der Sprache des Dichters schon Vokalisierung des *l* in gedeckter Stellung eingetreten war, läfst sich auf Grund unserer Assonanzen (5402—5405) nicht entscheiden; da aber dieser Vorgang um die Mitte des XII. Jahrhunderts, allem Anscheine nach also vor der Abfassung unseres Gedichtes, stattgefunden hat und unser Dichter andrerseits Bindung eines Vokals mit dem ersten Teil eines fallenden Diphthonges zu meiden scheint, so dürfte es sich empfehlen, die fragliche Tirade in zwei zu zerlegen. Dafs zeitweiliger Ausfall vor folgendem Konsonanten auch für die Sprache des Dichters anzunehmen sei, ist bereits früher erwähnt worden, vgl. *tes* 2007, *carnés* 3347, *mortés* 3683 und *gentis* 685, *fis* (*filius*) 1422 etc.

R. Es steht für *l* in *Gorgatas* 2005. Ausfall (als Folge der Dissimilation) hat stattgefunden: vor Konsonant in *abres* 2974, *herbegiés* 4130; hinter einer Muta in *traïtes* 9165 (neben *traïtres* 9170, *traïtre* 9181), welch letztere Erscheinung im Lothringischen und Burgundischen öfters anzutreffen ist.[2] Ein mundartlicher Zug

---
[1] Vgl. Suchier, Jen. Lit.-Ztg., 1878, S. 474.
[2] Vgl. Apfelstedt, a. a. O., S. XXXVIII.

unseres Denkmals ist die Umstellung von Kons. + *er* zu Kons. + *re* in unbetonter Silbe, welche Eigentümlichkeit auf picardische Herkunft unserer Handschrift hinweist. Beispiele: *haubregier* 153, *avresier* 159, *esprevier* 185, *vreté* 284, *fremé* 1478, *couvrcture* 1613, *govrener* 2830, *vregier* 3790, *freté* 5245 etc., aber daneben die gewöhnlichen Formen: *gernons* 3463, *enfermé* 8211, *enfermeté* 3237 etc. Charakteristisch für unseren Text wie für die picardischen Handschriften im allgemeinen ist die Vereinfachung von geminiertem *r*: *tere* 527, *Piere* 649, *pieres* 1847, *mari* 781, *porai* 787, *aresta* 973, *arivé* 2835 etc. Auslautendes *r* in dem Ausgange *-ier* ist in der Sprache des Kopisten bereits stumm; er läfst es entweder weg: *vregié* 3795, 5564, oder setzt einen anderen stummen Konsonanten an seine Stelle: *vregiet* 3796, 5538, 5540.

2. Nasale.

M + n assimiliert sich zu *mm* und erleichtert sich dann zu *m*, oder *m + n* wird *nn*: *dannés* 1955. *N + m* verändert sich zu *mm*: *enmi* 128; umgekehrt wird ursprüngliches und sekundäres *mm* durch Dissimilation zu *nm*: *conmander* 3721, *honme* 970, *honmes* 3843, *nonmer* 2026 etc., selbst Schreibungen wie *sonmes* 3332, 6138, *ainme* 10442, *Ronme* 8979 finden sich. Ursprüngliches *n + m* liegt vor in *enmaine* 8140, *enmenerent* 6912, doch hätten die Herausgeber gut gethan, beide Wörter zu trennen: *en maine* etc.

Ein weiteres Dissimilationsbestreben zeigt sich bei der Verbindung *m +* Labialis, sei es, dafs die Labialis schon im Lat. vorhanden war, wie in *menbres* 229, *ronpi* 2117, *ganbe* 2700, *tenpeste* 6835 etc., oder dafs sie erst als vermittelnder Konsonant zwischen *m* und *l* oder *r* eingeschoben wurde, wie z. B. in *ensanble* 622, *conblés* 3654, *menbré* 2453, *canbres* 7530 etc. Doch nicht immer tritt Dissimilation ein, vgl. *nombrer* 534, *membres* 1135, *cambres* 4561 etc. In auffallendem Gegensatze zu der eben erwähnten Dissimilation von *m +* Labialis zu *n +* Labialis steht die zwischen den beiden letzteren Konsonanten häufig und nicht allein im Französischen vorkommende Assimilation; es sind dies zwei Erscheinungen, die mit der Neigung desselben Dialektes, einfache Konsonanten zu verdoppeln und geminierte zu vereinfachen

(z. B. *devisser* 4549, *osse* 7810, *malvaisse* 9488 neben *laisiés* 21, *asis* 43, *mese* 1128), verglichen werden können. Diese Assimilation findet nicht nur im Innern der Wörter, sondern auch über die Wortgrenze hinüber statt, falls engere syntaktische Beziehungen die beiden zusammenhalten. Beispiele: 1. *emblé* 5695, *emprisonné* 6373; 2. *em pais* 151, *em piés* 344, *em paradis* 1606, *em pré* 3579, *em pensé* 10188 etc. Wenn Knauer (Jahrb., VIII, 40) hierin nur orthographische Assimilation erblickt, so ist dies eine Verkennung der Neigung aller Sprachen, zwei Konsonanten, deren Artikulationsstellen ziemlich weit auseinander liegen, einander anzugleichen, um ihre Aussprache zu erleichtern. So wird *nr* zu *rr* assimiliert, z. B. *engerrai* 86, *engerra* 3827, *terrés* 1710, *verrai* 7262, *verra* 5597, *verrés* 8114, *verront* 6624, *enmerront* 4154, und mit Vereinfachung des Konsonanten *enmerés* 4181, *engerés* 4829 etc. Oder es erleichtert ein dazwischentretender Hilfskonsonant die Aussprache, was bei der Verbindung *mr* immer, bei *ml* bisweilen, bei *nr*, *lr* in unserem Denkmale (mit Ausnahme von *atendrai* 6245, *fraindre* 8183) nie geschieht.[1] So mit eingeschobenem *b* die bereits oben angeführten *nombrer* 534, *membres* 1135, *cambres* 4561 etc.; aber neben *ensanble* 622, *sanblant* 1215 etc. auch fakultativ *nl*: *ensanle* 1767, *sanlant* 1334, *sanlés* 7177, *tranler* 5215, *tranle* 9123 etc., wo überall *n* für *m* eingetreten ist; endlich ohne jede Vermittlung *n* und *r* nebeneinander: *vinrent* 141, *venras* 6700, *venra* 5528, *venrons* 950, *tenrai* 297, *donrai* 4029, *menres* 336, *atenri* 806, *venredi* 2947 etc. Die Verbindung *lr* erscheint in der Gestalt *ur*, z. B. *taurai* 296, *faurai* 4511, *faura* 4330, *faurons* 2879, *saurai* 8920, *vaurai* 8921 etc. Ein mundartlicher Zug ist die Verdoppelung des *m* und *n* hinter Diphthongen (besonders *ai*) und Vokalen, z. B. α) *aimme* 84 (*amo*), 95 (*amat*), *paraimme* 310; *Romme* 2412, 2708, 3682 etc.; β) *mainne* 545, *demainne* 2446, *mainnent* 578, *plainne* 1889, *Maselainne* 1988, *Madelainne* 2559, *poinne* 7092; *renne* 331, *unne* 1252, *rancunne* 2550 etc. Auch *l* erscheint öfters verdoppelt: *ill* 4048, 5792, während wir bei *r* das Gegenteil bemerkten.

[1] Dies ist ein dem Picardischen und teilweise auch den Denkmälern des Ostens eigentümlicher Zug, vgl. Suchier, Auc., S. 58, 5, und Apfelstedt, a. a. O., S. XXXIX, § 91.

Auslautendes *m* wird bisweilen zu *n*: *clain* 2055 (neben *claim* 2256), *fain* 6085, *hon* 9912. Ursprüngliches *n* ist erhalten in *orfenin* 606, daneben die gewöhnliche Form *orfelin* 582. Ausfall des *n* vor *s* fand statt in *aisnés* (*antea* + *s* und *natus*) 715, 1383, *esnés* 748 und *maisnés* (*minus* + *natus*) 633, Einschub dieses Konsonanten hingegen in *ensiant* 4685, 5406.[1]

Mouilliertes *n* entwickelt sich unter den bekannten Bedingungen; es wird in unserer Handschrift durch -*gn*-, -*ign*-, -*ingn*-, -*ng*-, -*n*- im Inlaut und durch -*ng*, -*ngn*, -*n* im Auslaut dargestellt. Beispiele: 1. im Inlaut: *segnor* 1082, *monsegnor* 1027, *ensegnes* 6159; *compaignie* 618, *monseignor* 1052, *enseignes* 5666 (während in *compaigne* 113, *Alemaigne* 842, *mençoigne* 1397 etc. wohl Diphthong, d. h. *ign* = *i* + *ñ* anzunehmen sein dürfte, vgl. S. 32 ff.); *compaingnie* 9152; *entreslongent*[2] 7704; *enseniés* 5959, *senorie* 9180, *Borginon* 9503. In *regne* (**rĕtinam*) 418, 513, 1001 etc. steht *gn* für *n*, vgl. daneben Schreibungen wie *rene* oder *renne*, z. B. 331. Lautlich identisch sind wohl auch *regnier* 77 und *renier* 207; doch ist es hier zweifelhaft, ob *ñ* oder dentales *n* vorliegt. Letztere Aussprache ist in *rené* 2458, 2925, 3500 etc. durch das Vorkommen in *e*-Assonanzen sicher gestellt. 2. Im Auslaut wird mouill. *n* (wie überhaupt palatale Laute) von Förster[3] geleugnet; Suchier und Neumann erkennen in dem *ng* der Wörter *soing* 199, *besoing* 3727, *tesmoing* 9516, *apartieng* 482, *puing* 185, *puingn* 7985 etc. das mouill. *n* an, doch schreibt Suchier dem *g* schon frühzeitig gutturale Färbung zu, vgl. darüber S. 54 ff.

3. Dentale.

Media steht für Tenuis in *garandir* 887, *garandi* 2119. Gestützte auslautende Dentalis fällt bisweilen ab, besonders nach Nasalis: *ren* 5142, *pren* 5154, *desfen* 10461, *dolan* 1136, *canque* 2051, *canqe* 2365, *kanque* 3266 etc., in *gran table* 9622

---

[1] Vgl. über *aisnés* Körting, Lat.-rom. Wtb., 601, und über *ensiant* Förster, Jahrb., XIII, 304, und Chev. as II esp., S. L.

[2] Über diese, dem Picard. eigentümliche Schreibung vgl. Förster, Chev. as II esp., S. LI, und Th. Link, a. a. O., S. 21.

[3] Nachträge und Verbesserungen zum Aiol, S. LI.

wohl wegen des folgenden *t* (jedoch *grant tere* 3054); ferner nach *r* und *s: tor* 2176, *Cris* 2424, 2844, *ices* 4415, *es* 7614 etc. Hingegen erscheint *inde* vielfach noch mit erhaltener Dentalis, was als eine Eigentümlichkeit des Picardischen gilt: *ent* 63, 823, 3389 etc. Auch ungestüzte, in den übrigen Mundarten dem Abfall geweihte Dentalis hat sich in gewissen Fällen, so in Participien Pf. und in Substantiven auf *-ié* erhalten, vgl. z. B. *esmaiet* 3309, *laciet* 3624, *cangiet* 3779, *mengiet* 3864, *baisiet* 4391, *touciet* 5181 etc., dann *tolut* 719, 9852, *pendut* 10079, und die noch in anderer Hinsicht bemerkenswerten Formen *but* 50, *mut* 97, *connut* 4390, *reconnut* 6218; schliefslich Substantiva wie *congiet* 570, 3914, 4624, *peciet* 3517, *moitiet* 6424 (vgl. dagegen *pié* 6289).

Dentalis als Vertretung der Gutturalis ist zu bemerken in *haubert* 739, 5561, 7093, *cot* 9085; umgekehrt steht *c* für *t* in *branc* 150, 165, 173 etc., und in vielen Verben, deren Stamm auf eine Dentalis ausgeht: *douc* 2139, *demanc* 1306, *deffenc* 3724, *renc* 4508 etc., vgl. S. 88.

S vor Konsonanten ist in unserem Denkmale bereits verstummt; dafür sprechen Schreibungen wie *saintime* 1488, *vallet* 1868, 2119, *valles* 2352, *repondés* 3352, *tot* 3539, *asit* 4215, *partites* 4683, *epee* 4740, *evelle* 4818, *cet* 4864, *dementa* 5464, *votre* 7355, *meller* 7488, *otel* 7783 etc., wo überall *s* ausgelassen erscheint, was undenkbar wäre, solange diesem Zeichen noch ein Laut entspricht. Noch deutlichere Beweise für das Verstummen des *s* in gedeckter Stellung sind Formen wie *resne* 321, *diasbles* 2318, *disnité* 3615 etc., *traïstres* 4312, *aïst* 4819 *veismes* 8205, *vosrés* 9033, wo dieser Konsonant keine etymologische Berechtigung hat; endlich *merlé* 4102, *merlés* 9552, *varlet* 5368, 6896.[1]

Stimmloses *s* wird bezeichnet durch *s*, *ss* oder auch *c: viellece* 1044, 2235, *largece* 5003, 6292 etc. Vereinfachung des geminierten *s* tritt häufig ein, ein mundartlicher Zug: *laisiés* 21, 62, 83 etc., *asis* 43, *puises* 206, *puise* 4957, *puisons* 1650,

---

[1] Über das Verstummen des gedeckten *s* vgl. Förster, Chev. as II esp., S. LII*; F. Neumann, Zur afr. Laut- und Flexionslehre, S. 108, und Jen. Lit.-Ztg., 1878, S. 162 ff.; Köstritz, Gedecktes *s* im Franz., Strafsburger Diss., 1886.

puisiés 707, *puisent* 4149, *pase* 881, *mese* 1128, *cousins* 2671, *raisel* 2820, *naisence* 3499, *fusent* 3663, *fuse* 9438, *pasion* 10039 etc., daneben jedoch die gewöhnliche Schreibung. Im Gegensatz zu dieser Darstellung der tonlosen Sibilans durch einfaches *s* wird oft die tönende durch *ss* bezeichnet: *baisse* (*basiat*) 2701, *devisser* 4549, *devissé* 6641, *avisser* 7833, *avissé* 8521, *osse* 7810, *malvaisse* 9488 etc. Eine picardische Eigentümlichkeit[1] ist die Verschmelzung von *est* und *ce* zu *esce* 230, 4099, 4479, 6882, welche Form ebensogut infolge einer Assimilation als durch Ausfall der Dentalis entstanden sein kann.

Mundartlich sind ferner die Bildungen *fisent* 180, 438, 1969, *fissent* 3233, *refisent* 2872, *dissent* 1134, *requisent* 1967, *misent* 2828, *prisent* 4624, *sisent* 9626, *asisent* 4084 etc., wo zwischen dem Stammauslaut *s* und dem *r* der Flexion kein vermittelndes *d* (*t*) eintrat, sondern infolge der Analogie mit dem intervokalischen *s* der flexionsbetonten Formen einzig und allein *s* sich zeigt.[2] Es ist dies ein für das Picardische, Wallonische und Lothringische charakteristischer Zug. Einschub eines vermittelnden *t* wie im Normannischen und Francischen fand nur statt in *croistre* 4430, *croisterai* 453, *croistre* (knirschen) 6790, *istrai* 5697, *isterés* 7608.

Die einem lat. Accusativ auf Vok. + -*cem* entsprechenden Wörter zeigen (gegenüber den centralfrz. Formen auf -*iz*) den Ausgang Vokal + -*is*, vgl. *pais* 151 etc. Ebenso ergab auslautendes *t* + *s* fast durchwegs *s;* nur die Tirade 7097—7100, welche, wie erwähnt, in mehrfacher Hinsicht Auffälliges bietet, und der Anfang der nächstfolgenden weisen mehrere Formen mit *z* auf. Wie es kommt, dafs unser Schreiber für einige Augenblicke dem herrschenden Brauche untreu wurde und *z* schrieb, läfst sich schwer erklären. Ganz vereinzelt ist die Schreibung *x* für *s* in *solaux* 4272.

Noch ist der Abfall der auslautenden Sibilans in einigen Wörtern zu erwähnen: einmal in *me sire* 2624, 7251, 8659 etc., *te sire* 5740, *te sires* 10464, *se sires* 6586, 10362; das anderemal in den Endungen -*on*, -*ieme*, -*ié*, -*é*, z. B. *avon* 10044,

---

[1] Vgl. Förster, Jahrb. f. rom. u. engl. Spr. u. Litt., XIII, 304.
[2] Vgl. Mussafia, Litteraturblatt f. germ. und rom. Phil., 1886, Sp. 166.

descouvron 9493, *acordon* 9971; *facieme* 6258; *conduisié* 2138, *laisié* 6110; *presteré* 2383, *cevauceré* 7802. In den zuerst genannten Fällen war wohl der gleiche Anlaut des folgenden, mit dem Pronomen eine syntaktische Toneinheit bildenden Wortes die Ursache des Abfalls, und hätten wir daran weitere Beispiele für die Vereinfachung der geminierten Sibilans; der Abfall des *s* in den genannten Endungen aber läfst sich aus dem Streben des Schreibers nach Erreichung des Reimes nicht erklären, und liegt der Grund wohl in dem beginnenden Verstummen des auslautenden Konsonanten.

Schliefslich wäre noch die Vertretung der Dentalis durch die Sibilans in *Maselainne* 1988 zu bemerken.

4. Gutturale.

Lat. *g* vor *a* ist in seiner ursprünglichen Qualität als gutturale Media erhalten, z. B. *gumbe* 1918, *ganbe* 2700, *ganbes* 5200 etc.; Formen wie *joie* 2699, *joir* 6230, *janbes* 7110 etc. sind ganz vereinzelt. Dafs *g* auch dort, wo lat. *a* zu *e* (*ie*) geworden ist, den gutturalen Laut bedeute, wie z. B. in *lange* 2131, *longe* 2933, *longemant* 3022 etc., ist nicht zweifelhaft, weil unserem Kopisten die Schreibung *ge*, *gi* für *gue*, *gui* (oder *ghe*, *ghi*) ganz geläufig ist,[1] was als eine Eigentümlichkeit picard. Hss. im allgemeinen gelten kann.[2] Wohl dient *g* daneben auch zur Darstellung des palatalen Lautes, wie Schreibungen *ge* 854, 893 neben *je*; *gesir* 1367 neben *jesir* 1244, 1274; *gut* 2447, *gus* 7477 neben *jut* 1139, 5838, *jus* 7488 und *gou* 4897 neben *jou* etc. zeigen. Auch in *atargant* 316, *songai* 593, *sergant* 1228 (neben *serjant* 1283, 3735, *serjans* 2881), *mangue* 3626, *mengoit* 4136, *mengai* 3211, *mengas* 3472, *menga* 1948 etc. ist *g* palatal zu sprechen, obgleich die Möglichkeit nicht ausgeschlossen wäre, dafs hier infolge weitgehender Analogie der gutturale Laut eingedrungen sei.[3] Vor lat. *e*, *i* entwickelt sich *g* zur Palatalis, wie aus der fakultativen Schreibung *j* hervorgeht.

---

[1] Vgl. *geule* 1406, 2355, 3464 etc., *Orgileus* 4890 etc.
[2] Vgl. Förster, Z. f. d. öst. Gym., 1874, S. 137, und F. Neumann, Zur afz. Laut- und Flexionslehre, S. 75.
[3] Vgl. Suchier, Auc., S. 61, 12 ff.

Gutturale Media steht für Tenuis in *gonfonde* 7011, wahrscheinlich auch in *genus* (*canutus*) 3302; die Tenuis für die Media in *cras* 6386. Für germanisches *w* tritt meist *g* (*gu*) ein, vgl. *gaite* 708, *gaut* 991, *gaster* 6970, *guencis* 624 etc., nur in einigen Wörtern hat sich *w* erhalten, vgl. *waucrer* 4794, *crant* 7829, *Sewins* 251 etc.

Lat. *c* vor *a* und dessen bedingter Weiterentwicklung *e* (*ie*) ist als gutturale Tenuis erhalten. Die Darstellung schwankt zwischen mehreren Zeichen; am häufigsten ist aber die Schreibung *c*.

1. Vor erhaltenem *a:*

1. *c:* *canchon* 3, *cangié* 54, *cacier* 107, *castel* 108, *caveus* 173, *cape* 204, *cars* 637, *cartre* 3889, *canbre* 4300 etc.

2. *ch:* *Charlemaine* 4, *Charles* 1234, 1361, *Challon* 9964, *chançon* 22, *chapes* 9372 und *choisi* 2937, *chose* 3311, 7809. Diese wenigen Formen mit *ch* sind aber im Vergleiche zur Zahl derer mit *c* vereinzelt zu nennen.

3. *k:* *Karlemaine* 23, *Karles* 30, *Karlos* 93, *Karlon* 343, *Kalon* (*Châlons*) 9471; *kalans* 2776, *kavece* 5057; *ataka* 4737 etc.

Diese Beispiele zeigen, dafs von einer palatalen Aussprache nicht die Rede sein kann, sondern dafs der willkürliche Wechsel in der Schreibung *c* und *ch* vor *e* und *i*, wo allerdings eine Palatalis gemeint ist, auch vor *a* Eingang fand.

II. Vor *e* (*ie*) aus lat. *a:*

1. *c:* *cevaus* 322; *rices* 48, *france* 90, *marce* 3081, *peceours* 431, *leceour* 4027 etc. — *cief* 75, *ciens* 539, *ciet* (*cadit*) 1832, *ciere* 2614, *cier* 3722; *pecié* 223, *cevaucier* 57 etc.

2. *ch:* *chevalier* 26, *chemise* 772, *chevaus* 3536, *cheminé* 6962; *marche* 207, *bouche* 2131 etc. — *chier* 84, *chierté* 524; *cevauchier* 272, *couchié* 1220, *archier* 3299, *pechié* 6611 etc.

3. *k:* *këus* 890, 7226; *Paskes* 258, *hanke* 1912, *estake* 1993, *eskés* (*schâh*) 7412 — *kier* 10434; *escekier* 99, *cerkier* 1059, *clokier* 3298, 3300,

eskiés (Hs. *eskes*) 7412, *eskiele* 8304, *eskierpe* 9465.

4. ***qu:*** *quenus* 5544; *fourqes* 2363, 8289, *fourques* 10366, *cerqent* 8162, *rique* 8601.

Die beiden letzteren Schreibungen mit *k* und *qu* lassen keinen Zweifel darüber aufkommen, dafs auch *c* und *ch* einen gutturalen Laut bezeichnen; man vgl. ferner Schreibungen wie *choi* (*quid*) 1377, *acholer* 2823, 4506, 5291 etc., *chors* (*corpus*) 5108, *eschoutés* 5164 etc.

Es ist also bezüglich der überlieferten Sprache die Thatsache zu konstatieren, dafs lat. *c* vor *a* und dessen Weiterentwicklung *e* (*ie*) sich in seiner ursprünglichen velaren Aussprache erhalten hat, wie dies auch für Vermandois und den Ponthieu bezeugt ist.[1] In Betreff der schwankenden Schreibung ist G. Paris[2] ebenfalls der Ansicht Raynauds, dafs selbe nur einen und denselben Laut, nämlich *k* darstelle. Andere picardische Denkmäler zeigen Erhaltung des guttur. Lautes von *c* blofs bei gleichzeitiger Erhaltung des lat. *a*, während er vor *e* (*ie*) wie in der centralen Mundart in die Palatalis übergeht. Die von Tobler[3] aufgestellte Leseregel: „*c* vor *a, o, u* = *k*; *c* vor *e, i* = *ch*" hat daher nur für die letzterwähnte Gruppe von Denkmälern, nicht aber in unserem Falle Giltigkeit. Huon de Bordeaux ist also in der Form, wie er uns vorliegt, ein picardisches Denkmal strenger Observanz wie Aucassin und Nicolete, dessen Hs. aus dem Ponthieu oder Artois stammen wird.

Lat. *c* vor ursprünglichem *e* und *i* und Kons. *ti* vor Vokal ergaben in der centralen und anderen Mundarten tonlose Sibilans,[4] im Picardischen aber Palatalis. Die Schreibung schwankt in unserem Gedichte zwischen *c*, *ç* und *ch*.

I. Lat. *c* vor *e, i*:
1. *c:* *cil* 45, *cel* 491, *cele* 17, *ciel* 175, *mercis* 282; *face* (*faciam*) 1204, *face* (*faciem*) 2643, *France* 60, 97 etc.

---
[1] Vgl. F. Neumann, Zur afr. Laut- und Flex., S. 75, und G. Raynaud, a. a. O., S. 318 ff.
[2] Rom., VI, 617. [3] Aniel, S. XXII.
[4] Über Voc. *cj* Voc. und Voc. *tj* Voc. vgl. Mussafia, Rom., XVIII, S. 542.

2. *ch:* *chil* 8, *che* 29, *merchi* 745; *fache* 1, *plache* (*placiat*) 827, *Franche* 23, 5277 etc. Vereinzelt und burgundischer Herkunft sind die Formen *siel* 575, *sele* 5556, *sai* 7105.

II. Lat. Kons. *ti* vor Vokal:
1. *c, ç*: *cançon* 19, *Braibençons* 32, *cacier* 107, *ançois* 263, *coreciés* 312, *enfançon* 1046, *façon* 7242 etc.; *drece* 466, *tierce* 3518 etc.
2. *ch:* *canchon* 3, *cachié* (nfr. *chassé*) 1456, *anchois* 2055, *courechiés* 287, *enfanchon* 3427 etc.; *dreche* 1640, *conmenche* 2684, *nieche* 4833 etc. Nur einmal *s:* *tenson* 9974.

Welches ist nun der Lautwert dieses so verschiedenartig dargestellten Konsonanten? Die Schreibung *s* ist offenbar durch fremden Einfluſs in den Text hineingeraten; daſs auch unter *c* und *ç* keine Sibilans zu verstehen sei, geht aus der groſsen Zahl der Formen mit *ch* hervor.[1] Entscheidend ist der Umstand, daſs *ch* aus lat. *pj* + Voc. ebenfalls durch *c* und *ç* vertreten wird, vgl. *saces* 1324, *sace* 2388, *saciés* 39, *saçant* 1289, *reprociés* 62, *aproçant* 1146, *aproçast* 1622. Ungewiſs ist es aber, ob der hier behandelte Laut noch *tsch* oder schon *sch* klang; unentschieden ist auch die Frage nach seiner Aussprache im Auslaut, z. B. in *tierc* 483, 644, 1542, *brac* 868, 1165, 2079, *fauc* 5004, 5178, 5191 etc. Da auch die Schreibung *tiers* 10064, *faus* 6541 sich findet, so scheint die Annahme der Aussprache *s* im Auslaut die natürlichste, und Horning[2] stellt thatsächlich die Regel auf, daſs auslautendes *cc, ci* im Picardischen durch *s* bezeichnet werde. Suchier[3] hält hingegen auch im Auslaut an der palatalen Aussprache *c* fest, während Förster dieses *c* in den genannten und ähnlichen Wörtern, besonders in der 1. Sg. Präs. und Pf. mancher Verba, wo es für *t* steht, als Gutturalis faſst.

---

[1] O. Sient, Über lateinisches *c* vor *e* und *i* im Picardischen, Hall. Diss., 1881, S. 17 ff., nimmt für das Pic., wie für das Francische, stimmloses *s* an, doch sind die Formen, auf welche er sich stützt (grace etc.), nicht echt volkstümlich, was er selbst zugibt. Vgl. dazu Rudolf Lenz, Zur Physiologie und Geschichte der Palatalen, Bonner Diss., 1887, und G.Paris, Rom., XV, 445 ff., XVI, 630, wo *ç* (*ts*) auch für das Pic., aber nur für die älteste Zeit und als Vorstufe von *ch* (*tsch*) zugegeben wird.

[2] Z. f. r. Phil., VII, 163. [3] Vgl. Auc., S. 61, 11.

Qu wechselt in der Schrift mit *k* und *cu,* umgekehrt wird *qu* öfter für *c + u* gesetzt, z. B. in *quit* 829, 1646, 3703 etc., *quidames* 2524, *quidiés* 1345, *quideront* 492, *quens (comes)* 942, 985, 1402, 1670, *quin (coin)* 1794, *esquier* 8842. Diese Schreibung findet sich noch bei Froissart. Der entgegengesetzte Gebrauch, nämlich *cu* für *qu,* ist in *cuite* 2055, 2256, *cuites* 2056, 2558, *acuité* 9860 (neben *aquités* 10421), *encuist* 9787 zu bemerken.

H ist teilweise abgefallen (auch in Wörtern deutschen Ursprungs wie *elmes* 497, 514, 681 etc.), teilweise erhalten.

5. Labiale.

Was über diese Gruppe von Konsonanten zu bemerken war, ist des Zusammenhanges wegen schon zum gröfsten Teile in vorhergehenden Abschnitten besprochen worden, so die vermittelnde Rolle, welche *b* fakultativ zwischen Nasalis und Liquida spielt (*ensanble* neben *ensanle*), ferner der Übergang von *b* in den Reibelaut *v* (*creaule* 2360), der Ausfall desselben Konsonanten nach vorausgegangener Einflufsnahme auf den Vokal (*afuler* 7367, *desfuler* 7817) etc. Hier wäre noch auf den Übergang von *p* durch *b, v* zu *u* in *bautesme* 5727 (vgl. das span. *bautismo*) und den schliefslichen Abfall der Labialis *batisier* 5726 aufmerksam zu machen. Ausfall der labialen Spirans findet regelmäfsig vor flexivischem *s* statt: *vis* 828 (neben *vif* 814) etc., bisweilen auch im Auslaut: *vi* 775, *soé* 2523, 3099, *né* 8490 etc.

Über Konsonantenverbindungen im allgemeinen ist noch zu sagen, dafs Gemination gerne vereinfacht wird, z. B. *vile* 3986, *acoler* 3691, *apris* 1009, *aporte* 1077, *aportant* 1192, *fraper* 1842, *apieler* 3936 etc. Im ganzen herrscht in der Schreibung eine grofse Regellosigkeit und Willkür; oft wechselt sie in einer und derselben Zeile.

IV.
Deklination.
A. Nomen.

Substantiva. Die übliche Einteilung in drei maskuline und drei feminine Deklinationen hat den Vorteil einer gröfseren

Übersichtlichkeit für sich, ist aber nicht ganz frei von Willkür; denn es werden um des Systems willen zusammengehörige Erscheinungen getrennt, während andererseits öfter der Schein eines historischen Zusammenhanges erweckt wird, wo ein solcher nicht besteht. Wenn für Wörter wie *pape, profete, poëte* etc. eine eigene Deklination aufgestellt wird, so ist dies insoferne begründet, als sie auch im Lateinischen eine andere Behandlung erfuhren als die übrigen maskul. Substantiva; aber *pere, frere, maistre* etc. blieben im Französischen nicht wegen ihrer ursprünglichen Endung (*-er*), sondern durch Analogie der Substantiva auf *-cre* (lat. *-átor*) von dem Nominativ-s verschont. Ihre gewöhnliche Zusammenstellung geschieht also blofs auf Grund äufserer Ähnlichkeit. Die sog. dritte franz. Deklination, der 3. lateinischen entsprechend, umfafst nur Substantiva persönlichen Begriffes wie *cuens, conte, sire, seignor* etc., während die übrigen ihre ursprüngliche Deklination aufgegeben und sich zum Typus *annus* geschlagen haben. Auch den persönliche Begriffe bezeichnenden Wörtern liegt die lat. Form nur im Nomin. Sing. zugrunde, und selbst dieser vermag sich dem mächtigen Einflusse des allgemeinen Typus nicht mehr gänzlich zu entziehen.

Wir wollen also für die Zeit unseres Denkmals nur eine maskuline und zwei feminine Deklinationen ansetzen: bei jener finden, durch besondere Verhältnisse veranlafst, mehrere Abweichungen vom gemeinsamen Typus statt, bei diesen nur eine, um derentwillen wir ebensowenig eine eigene Deklination aufstellen möchten als etwa wegen der vereinzelten Überreste des lat. Neutrums ein drittes Genus.

I. Maskulina.

Von dem allgemeinen Typus der maskul. Deklination weichen folgende Substantiva persönlichen Begriffes insoferne ab, als die Form des Nom. Sg. auf den lat. Nominativ zurückgeht und nur die übrigen Kasus auf der Grundlage des lat. Accusativs aufgebaut werden.

1. Imparisyllaba mit festem Accent im Lateinischen: *cuens* (cŏmes) 9943, *conte* (cŏmitem) 9472; *hom* 2915, *hon* 9912. *preudom* 10220 (daneben bereits Formen mit analog. Nominativ-s:

hons 794, *preudons* 798, ebenso der Vokativ *hons* 737, 743 etc.), *homme* 696; N. Pl. *homme* 2649, *5003.¹

2. Imparisyllaba mit beweglichem Accent: *ábes* (*ábbas*) 611, *abé* (*abbátem*) 608, *abbé* 9057. Der Vers 9378: *Le novel ábe* ‖ *ont aveuc aus mené* weist eine aus dem Nomin. gebildete Accusativform auf; die Betonung *abé*, wie Bächt S. 6 annimmt und durch Umstellung zu „*L'abé novel*" bessert, ist hier unwahrscheinlich, wenn auch nicht unmöglich. Liegt in dieser Zeile keine Verderbnis vor, dann ist diese Form ein Vorbote des Verfalles der Deklination, vgl. dazu *abés* *10475 als Nom. Fernere Beispiele: *enfes* 516, *enfant* 84, aber *1342 als Nom. Sg.; *sire* 2680, *5740, *7251, *mesire* 5457 (daneben schon öfters das analogische -s: 89, 2675, *10464, *mesires* 347), *signor* 4006 etc.; *nies* 680 (Vok.), *neveu* 7749; *emperere* *370, *394, *935 (daneben Formen mit -s, jedoch nicht gesichert: 1452, 1697, 2108 etc.), *empereor* 1610; *jouglere* *7812 (aber meist schon mit -s: 7160, 7163, 7187 etc.), *jougleor* 8348; *jugieres* 10076; *traïtres* immer in dieser Gestalt, vgl. 218, *1255, *1746, *traïtor* 8871 (die Form *traïtre* 496 für den Nom. Plur. ist zweifelhaft); *ancestres* 5828, im obliquen Kasus die bemerkenswerte Form *ancestre* *3538.

Das häufige Vorkommen dieser und ähnlich gebildeter *Nomina agentis* mit dem Ausgange -*re* im Nom. Sg. bewirkte, dafs auch Substantiva der 2. und 3. lat. Deklination auf -*er* ihren Nom. Sing. ohne -*s* bildeten und sich frühzeitig von dem allgemeinen Typus abwandten; erst als auch *empercre* und ähnliche Bildungen ein -*s* im Nomin. annahmen, kam *pere, frere, maistre* etc. auf den Weg von *annus*, den die sachlichen Begriffswörter nie verlassen hatten, zurück. Hieher gehören *pere* 1156, *2982, *6895, *7459 (daneben schon *peres* 252, 455, 479 etc., aber nicht für den Verfasser nachweisbar); *frere* 6271, *6273, *6336 (die Hs. hat -*s*, welches zu streichen ist), *8948; aber auch *freres* 783, *3055, *7319, *9699.

Dem allgemeinen Typus entzog sich ferner der Nom. Sg. der Substantiva auf -*o, ónis*, insoweit sie persönliche Begriffe

---

[1] Mit einem Sternchen werden im folgenden die für die Sprache des Verfassers sichergestellten und daher für das Alter des Denkmals wichtigen Formen bezeichnet werden.

bezeichnen, so z. B. *leres* *1399, *1632, *4338, 7005, *lerres* *1419, *larron* 5576; *glous* (ein spätlat. Wort) 1623, *glouton* 2251; *ber*[1] 765, *bers* 104, 3934, 5180 etc., *baron* 1027; *garçons* als Nom. Sg. *7526; *fel* 1799, *felon* 9497, aber *9484 als Nom. Sg.; *compains* 2187, aber auch schon *compaignon* *9519 als Nom. Sg. verwendet. Die Formen des Plur. beruhen wie die obliquen des Sing. auf dem lat. Accusativ und stimmen mit dem Typus *annus* überein.

Zu diesen Bildungen sind noch einige Eigennamen zu rechnen: *Hues* (immer mit *s*) *44, *335, *584 etc., *Huon* 5, 24, aber 10428 als Nom.; *Nales* 61, 78, *Nalon* 102, 1013; *Oede* (*Odo*) *4337 (das -*s* der Handschrift ist zu streichen), *Oedes* 4426, 4524, 4617, *Oedon* 4417. Auf die gleiche Art wird der Name des Kaisers dekliniert: *Karles* *347, *503, *Karlon* 220, 343 etc., daneben *Karle* 394 als obl. Form und *Karlon* *9500 als Nom. Das -*s* in *Karles* ist alt und mit dem erst später angetretenen in *freres* nicht zu verwechseln.

Auch gewisse organisch gebildete Komparative mit beweglichem Accente haben die lat. Nominativform gerettet, so z. B. *pires* 4343, *menres* 336, *graindres* 1757. In keinem dieser Fälle kann das -*s* für den Verfasser sichergestellt werden.

Die Neutra der II. und IV. lat. Deklination, welche Maskulina geworden sind, nehmen in der Regel im Nom. Sg., ein -*s*, vgl. *jors* 4648, *ors* 10357; bei einigen[2] läfst sich jedoch eine gewisse Abneigung gegen dieses Flexionszeichen bemerken. Die verschiedenen Denkmäler verhalten sich in Bezug auf diesen Punkt nicht gleich; für unser Gedicht läfst sich diese Sprödigkeit nicht erweisen, indem z. B. die Substantiva auf -*age* immer mit -*s* auftreten: *lignaiges* 1575, *barnages* *1588, *1598, *sauvages* 7156 etc.

Die Eigennamen werden wie die übrigen Substantiva dekliniert, daher im Nom. mit -*s* versehen, vgl. *Ogiers* 104 (aber *Ogier* 172), obl. *Ogier* 98 etc.; *Auberons* 8, obl. *Auberon* 6; *Karlos* 466, obl. *Karlot* 84; *Karlemaines* 1067, *1267, *1450,

---

[1] Auch als Apposition zu obliquen Kasus, vgl. 2380, 9311, 9673 etc.; über die Herkunft des Wortes vgl. Körting, Lat.-rom. Wtb., 1060.

[2] Besonders bei denen auf -*age* und -*ment*, vgl. Mussafia, Z. f. rom. Phil., III, 249, A. 5, und Fichte, Die Flexion im Cambridger Psalter, S. 76.

*1727, *5731 (daneben ohne -s: *610, wo das s der Hs. zu streichen ist, *1647); *Gerardins* 591, obl. *Gerardin* 584 etc. Der Vokativ fällt in der Regel mit dem Nom. zusammen, doch sind vielfach noch ältere Formen ohne -s erhalten, so *hom* 2219, 2686, 4682, neben *hons* 3870 etc., *sire* *80, 195, *2729, *2866 etc., neben *sires* 1952 (die Hs. hat *sire*, und der Fall ist nicht ganz sicher, da hier eine starke Pause ist und die Elision nicht stattfinden mufs: *Tu nel vausis, biau Sire, endurer;* doch kommt auch Elision über die Pause vor, vgl. 80, 2729 etc.); *emperere* 1072, 1078 neben *empereres* 237, 1195, 1255; *traïtre* 9212 neben *traïtres* 1894; *frere* 614, *8991 neben *freres* 3567, 7101 etc.

II. Feminina.

Ursprünglich gab es nur eine weibliche Deklination; erst seit Anfang des XII. Jahrhdts., als die auf einen Konsonanten oder -é ausgehenden Feminina unter Einflufs der Maskulina ein flex.-s im Nom. Sg. annahmen, ist eine zweite Deklination vorhanden.[1]

Über die I. Deklination ist nicht viel zu bemerken. Eine verschiedene Form für Nom. und Acc. haben einige weibl. Eigennamen, so *Eve* 1948, *Evain* 1943. Die Erklärung, dafs hier eine Nachahmung der männlichen Eigennamen aus dem Deutschen vorliegt, welchen die lat. Endung -*o*, -*ŏnem* angehängt wurde, um einen auffallenden Unterschied zwischen Nom. und Obl. hervorzurufen, ist die wahrscheinlichste.[2]

Die II. Deklination hat im Nom. Sg. durchwegs -s, so *cors* 35, *cars* 637, *traïssons* 1212, *moilliers* 1944, *dolours* 2007, *tors* 4554, *cruautés* 1711, *volentés* 1872, *clartés* 1965, *verités* 2033 etc. Eine einzige Form des lat. Nom. Sg. hat sich im Französischen gerettet: *suer* 7568, obl. *seror* 7885.

In einem anderen Verhältnisse als *suer* zu *seror* steht *cit* zu *cité;* abgesehen von der Schwierigkeit in Bezug auf die Lautgestalt, ist *cit* als Nom. nicht belegt.[3] In unserem Denkmale

---

[1] Tobler (Gött. gel. Anz., 1872, S. 889) und Förster (Einltg. zu Cligès. S. LXXV, A.) sehen mit Hinblick auf das Provenzalische dieses s für ursprünglich an; vgl. dagegen G. Paris, Alexis, S. 113.

[2] Vgl. Förster, Z. f. rom. Phil., III, 566, und Aiol, A. zu 706.

[3] Ders., Aiol, A. zu V. 610.

wird es gleichbedeutend mit *cité* verwendet, vgl. 598, 601, 630 etc., und 1898, 2324, 2331 etc. Es sind wohl zwei verschiedene Bildungen vom selben Stamme, wie *jovant* 3005 und *jovente* 2633, 10093; ersteres ist die Wiedergabe des lat. *juventus*, dem letzteren liegt eine Bildung *juventa*, *-ae* zugrunde.

Adjektiva. Die Adj. frz. zweier Endungen gehen seit der ältesten Zeit der Sprache nach dem Typus *annus* und *rosa*, jene einer Endung nach *annus* und *amor*. Es bleibt nur eine kleine Zahl abweichender Fälle zu besprechen. So wie nämlich einige Subst. neutr. generis sich im Französ. gegen das *-s* im Nom. Sg. sträuben, entzieht sich auch das Adj. zweier (lat. dreier) Endungen *autre* der Deklinationsregel und nimmt häufig vor Substantiven kein *-s*,[1] z. B. 5784 neben 4216, 9082, 10477. Bei subst. Verwendung setzt auch der Verfasser *-s*, wie das Metrum zeigt: *10063, während 1443, 3347, 9628 zweifelhaft sind.

Die Neigung der Sprache, die beiden Geschlechter deutlich zu scheiden, zeigt sich bereits bei einigen Adj., die ursprünglich einer Endung sind; die Einwirkung der Analogie ist hiebei nicht zu verkennen. Solche jüngere Formen sind: *grande* *2542, *2769, *2789, *3414 etc., *grandes* *552, *3921, *4310; *douce* 2816, *3007; *dolante* *5468; *tele* 4317, 4926, *9452; *teles* *6038; *quele* *4242, *4828, *5800, *10051. Daneben kommen die ursprünglichen Formen noch oft vor: *grant joie* *180, *tere* *249, *chierté* *524, *plenté* *541, *cit* *601 etc., *tel tere* *227, *paor* *921, *cose* *1159, *riviere* *3279 etc., *quel tere* *627, *gent* *1154, *maniere* *1705 etc. Die Adj. auf lat. *-alis* treten nur in der Gestalt *-el* auf, vgl. *soie naturel* *3623, *cartre mortel* *6451 etc.

Indeclinabilia sind alle Nomina, deren Stamm auf eine Sibilans endigt. Das ursprüngliche Subst. *riens* (lt. *rem*), das gleich *amors* im Nom. Sg. ein *-s* hat, wird in pronominaler Bedeutung indeklinabel gebraucht und behält sein *-s* auch im obl. Kasus; doch ist die Möglichkeit vorhanden, dafs wir es hier nicht mit einer erstarrten Nominativform, sondern mit *rien* + adv. *s* zu thun haben. Indeklinabel sind ferner: *lis* 1591, *les* 4941, *fons* 5309, *cors* 9137 etc. *Filius* erscheint in der obl. Kasusform. als *fil* 83, 225, 952 etc.

---

[1] Förster, Z. f. d. öst. Gym., 1874, S. 144.

Die Apposition zu einem obl. Kasus steht öfters im Nomin., so 7918 *Lues qu'ele voit Geriaume li barbés*, 2380 *Dont apela Hues Karlon le ber*, 9311 *Et prendent Huon et Geriaume le ber*, ferner 9673, 9675 etc. Wie die Apposition, so kann auch ein auf einen obl. Kasus sich beziehendes prädik. Nomen im Nomin. stehen, vgl. 9181 *Moult me fait mal qel tenés a traïtre*, wo die Form *traïtre* durch die Assonanz (weibl. *i*-Tirade) geschützt ist.

Zum Schluſs seien noch einige Stellen bezeichnet, wo Verstöſse gegen die Deklinationsregeln vorkommen und gebessert werden muſs: 382 *mesagier* ist mit *s* zu versehen, 800 *chevaliers* ist *s* zu streichen; 964 *gentis* soll *gentil* heiſsen; 1282 *grant* ist in *grans* zu ändern; 2286 *Et n'ot o lui for jouenes baceler* macht Schwierigkeiten: jedenfalls ist *fors* zu schreiben und das *s* bei *jouenes* zu streichen; man würde den Artikel erwarten; 2428 *li siens* ist, weil obl. Kasus, in *le sien* zu ändern; 3347 *autres carné* kann nicht bleiben, sondern da *comme* mit Nom. oder Acc. stehen kann, entweder *uns autre(s) carnés* oder *un autre carnel*. In 4453 und 6618 *cités* ist *s* zu streichen, ebenso 4909 *cascuns*, dagegen sind 6301 *degré* und 4907 *dervé* mit *s* zu versehen; 7335 *tous deus* dürfte durch den Sing. *tout dueil* zu ersetzen sein; 7457 *tout une nuit* ist *toute* zu schreiben; 7986, 8367, 10157 *barné*, 8910, 8976 *maseler* und 9261 *Geriaume* sind mit *s* zu versehen.

B. Pronomen.

1. Personalpronomen.

Casus rectus: 1. Pers. Sg. *je* 57 etc. Eine graphische Variante, meist vor vok. Anlaut und bei Nachstellung hinter vok. Auslaut gebraucht, ist *ge* : *g'irai* 794, *g'i pooie* 2315, *g'escape* 7959, *g'avoie* 9791; *ai ge* 285, *sui ge* 893, *fui ge* 3063 etc. In *fu ge* 6055, *ha ge* 6241, *o ge* 7068 könnte *g* auch für zwei *i*, ein vokalisches und ein konsonantisches, stehen. Hinter konson. Auslaute: *fis ge* 3085, *vien ge* 3436, *peuc ge* 9780 etc. Daneben wird die ältere Form *jou* noch sehr oft gebraucht, vgl. 84, 90, 91 etc. Dies weist auf picard. Gebiet hin,[1] wo *jou* sich noch

---
[1] Vgl. Suchier, Auc., S. 71, 11.

zu einer Zeit erhalten hatte, als die übrigen Mundarten nur noch die abgeschwächte Form *je* zeigten. Vor Vokalen findet bei *jou* keine Elision statt, vgl. 84 etc. Eine graphische Variante, und neben *je* : *ge* leicht verständlich, ist *gou* 4897. In *jeu* 9015 erscheint der Vokal, obgleich vortonig, diphthongiert, vgl. dazu *ceu* 9010 für *çou*. Einmal steht *moi* 1379 als betonte Form des Nominativs, ein frühzeitiger Vorbote des neufrz. Gebrauches. Über die 1. Plur. *nous* ist nichts Besonderes zu bemerken. 2. Pers. Sg. *tu;* daneben ziemlich häufig *te,* mit Elision vor vok. Anlaute und in solchen Fällen für den Verfasser gesichert: *t'as* 739, *t'aseuras* 1279, *t'en* 3543, *t'i* 3674, ferner noch * 3722, * 4586, * 5013 etc., also charakteristisch für die ursprüngliche Mundart. Auch vor konson. Anlaute: 1510, 4997. Die 2. Plur. *vous;* *vo* 4609.

3. Pers. Sg. Mask. *il;* *el* 256. Die Form *i* 864: *qu'i n'ot* und 2716: *qu'i fu* ist burgundisch.[1] Das weibl. Pron. *ele* und der Plur. *il, eles* bieten zu Bemerkungen keinen Anlafs.

Casus obliquus: a) Unbetonte Form. Über die Pron. *me, te, nous, vous* ist nichts zu bemerken. Das Pron. der 3. Pers. ist zweigeschlechtig: Mask. Dat. *li* 118, 138, 163 etc., einmal steht die betonte Form *lui* 690: *se lui vient a plaisir;* einmal findet sich *le* für *li:* 5819. Accus. *le.* Femin. Dat. *li* 2437, 2885, 4836; Accus. immer *le:* 528, 2346, 2396 etc. Dies ist eine Eigentümlichkeit der picard. Mundart.[2] Unser Denkmal hat kein Beispiel für *la.* Im Plur. fällt der Unterschied zwischen beiden Geschlechtern weg: Dat. *lor, lour;* Accus. *les.*

b) Betonte Form: Accusativ. 1. Pers. Sg. *mi,* in *i*-Assonanz (also dem Verfasser eigen): 633, 641, 643, 680 etc. Die Form *moi* findet sich blofs im Innern der Zeile: 481, 789, 904 etc., kann also dem Verfasser nicht mit Sicherheit zugesprochen werden. Dafs er beide Formen nebeneinander gebrauchte, wäre immerhin möglich, da er auch sonst picardische und francische Formen mischt. Die 1. Plur. stimmt, wie im Nfr., mit der unbetonten Form überein.

---

[1] Vgl. Förster, Z. f. d. öst. Gym., 1874, S. 136.
[2] Vgl. Suchier, Auc., S. 63, 20.

2. Pers. Sg. *ti*, in *i*-Assonanz: 854, 936, 1411, 1539 etc., innerhalb der Zeile *toi* 2103. Die 2. Plur. wie in unbetonter Stellung.

3. Pers. zweigeschlechtig: Sg. Mask. *lui* 154, 519, 542 etc.; in Assonanz mit *i*, also steigend betont: 1374, 1738, 2189; daneben auch die unbetonte Form *li* zweimal in der Assonanz: 853, 1379, wohl dem Kopisten angehörig, der für das Auge angleichen wollte. Er konnte um so eher *li* für *lui* einsetzen, als erstere Form schon ziemlich früh neben letzterer in betonter Stellung gebraucht wurde. Dieses *li* für *lui* ist um so bemerkenswerter, als es durch Einfluſs des Femin. eingedrungen zu sein scheint, während sich doch später der entgegengesetzte Einfluſs geltend machte.[1] Femin. *li*: 324, 1964, 2781 etc.

3. Pers. Plur.: Mask. *aus* (*illos*) 476, 1500, 1677, 1699 etc. Neben dieser speciell picard. Form findet sich die gemeinfrz. *eus* 6141, 9401, 9833 etc. Fem. *eles*.

2. Possessivpronomen.

a) Unbetonte Form. Sing. des Besitzers: 1. Pers. Mask. Sg. Nom. *mes* 452, 640, 1054 etc., *me* in der Verbindung mit *sire*: 7251, 8659, 10307 und *m'iretier* 191. Obl. *mon* 78 etc., daneben das picard. *men* 2347, 7005, 9463, 10286. Plur. Nom. *mi* 283, Obl. *mes* 755 etc. Fem. Sg. *ma* 83, daneben *me* (Elision vor Vokalen) 145, 953, 1070 etc. Diese letztere Form ist dem Picardischen eigentümlich.[2] Plur. *mes*.

2. Pers. Mask. Sg. Nom. *tes* 783, *te* in Verbindung mit *sire*: *te sire* 5740, *te sires* 10464. Obl. *ton* 854, nicht zu belegen *ten*. Pl. Nom. *ti* 2027, Obl. *tes* 1981. Fem. Sg. *ta* 200, daneben *te* (vor Vok. Elision) 1029, 1980, 2200 etc. Plur. *tes*.

3. Pers. Mask. Sg. N. *ses* 135, *se* vor *sires*: 6586, 10362. Obl. *son* 118 etc., auffälliger Weise zweimal als Nomin. verwendet: 8803 *Il vient ichi, et il et son barné*; 9519 *Le moine aveuc, qui est son compaignon.* Neben *son* findet sich als Obl. noch *çu* 269; *sen* 2075, 10122, 10196; *se* 545 (Hs.

---

[1] Vgl. Förster, Z. f. d. öst. Gym., 1874, S. 146, und Aiol, A. zu V. 389.

[2] Vgl. Neumann, Afr. Laut- und Flexionsl., S. 21.

s'ostes), 8036 (*s'esquinel*). Plur. Nom. *si* 518, Obl. *ses* 810. Fem. Sg. *sa* 30, daneben *se* (Elis. vor Vok.) 2, 42, 353 etc. Pl. *ses*.

Plur. des Besitzers: 1. Pers. Mask. Sg. Nom. *nostre* 89, häufiger *nos*, gesichert durch die Silbenzahl: 632, 9363. Obl. *no* 390, 392, 635 etc. Pl. Nom. *nostre* 3326, häufiger *no* 3408, 3785, 4018 etc., ganz vereinzelt ist *nos* 8669. Obl. *nos* 369, 470, 590 etc. Fem. Sg. *nostre* 367, *no* 618, 635, 2995 etc. Plur. *nos* 440.

2. Pers. Mask. Sg. N. *vostre* 852, 1422 etc., einmal mit *s*[1]: 728 *Car vostres peres* .III. *castiax me toli*. Sehr oft die mundartliche Form *vos:* 628, 640, 1196 etc. Obl. *vostre* 216, *vo* 65, 197, 305 etc. Pl. Nom. *vostre* 3585, *vo* 1073, 6069. Obl. die seltene Form *vostres* 238, meist *vos* 68, 363, 368 etc. Fem. Sg. *vostre* 381, *vo* 66, 482, 530, *vos* (*volentés*) 2384 vom Mask. beeinflufst. Plur. *vos* 363.

3. Pers. Mask. Sg. N. *lor* 479, *lour* 252, Obl. *lor* 315. Der Plur. und das Fem. Sg. und Pl. ist gleichlautend, weil *lor* noch indeklinabel.

Wie aus dieser Zusammenstellung ersichtlich ist, kommen neben *nostre*, *vostre* auch die verkürzten Formen *nos*, *vos* und *no*, *vo* häufig vor; sie sind sämtlich für den Verfasser gesichert und weisen auf die Picardie hin.[2] Bezüglich der Flexion dieser unbetonten Pronomina ist zu bemerken, dafs *nostre*, *vostre* wie *pere*, *nos*, *vos* wie *ans* und *no*, *vo* wie die weibl. Substantiva mit dem Ausgange auf unbetontes *e* dekliniert werden.

b) Betonte Formen. Sing. des Besitzers: 1. Pers. Mask. Sg. Nom. *li miens* 2568, Obl. *le mien* 3679. Femin. Sg. *moie* 2349. Die pic. Form *miue* (aus *mieue*) ist in unserem Denkmal nicht zu belegen. 2. Pers. Mask. Sg. N. *li tiens* 5825 etc. Fem. nicht belegt. 3. Pers. Mask. Sg. N. *li siens* 6941 etc. Fem. Sg. *soie* 1939 etc. Die betonten Possessivpronomina des Plurals unterscheiden sich von den tonlosen nicht, nur sind hier die verkürzten Formen ausgeschlossen.

---

[1] *Nostre* und *vostre* nehmen im N. Sg. und Acc. Pl. sehr selten *s*. vgl. Förster, Z. f. d. öst. Gym., 1874, S. 144. Bächt S. 27 führt nur Beispiele ohne *s* an.

[2] Vgl. Suchier, Auc., S. 67, 33.

3. **Demonstrativpronomen.**

a) *Ecce* + *iste.*

α) Unbetonte Form: Mask. Sg. N. *cis* 1105, 1399, 1632; eine graphische Variante ist *chis* 1419 etc. Obl. *cest* 1046, *cet* 4864, *ce* 8659. Pl. N. *cist* 1097, Obl. *ces* 681, *ches* 5164. So flektieren auch die Nebenformen S. N. *ichis* 1819, Obl. *icest* 1873 etc. Fem. Sg. *ceste*, Pl. *ces; ches* 1222 etc.

β) Betonte Form: Mask. Sg. N. *cis* 1040, 1624, 3486 etc.; diese und die gleichlautende unbetonte Form weisen auf das pic. oder wallon. Sprachgebiet.[1] Obl. Sg. nicht belegt. Plur. N. *cist* 6897, Obl. und Fem. unbelegt. Nebenform Mask. Sg. Obl. *cestui* 1350.

b) *Ecce* + *ille.*

α) Unbetonte Form: Mask. Sg. N. *cil* 340, *chil* 8, 2463 etc., Obl. *cel* 491, Pl. N. *chil* 473, Obl. nicht belegt. Fem. Sg. *cele* 430, *sele* 5556, Pl. nicht belegt. Nebenform *icele* 3096.

β) Betonte Form: Mask. Sg. N. *cil* 45, *chil* 88, 468 etc., *cieus* 8200, *chieus* 9756, Obl. unbelegt; Pl. N. *cil* 313, *chil* 802, Obl. *ciaus* 519, 1807, 3354 etc., *chiaus* 2551, 5484, 5965 etc., *çaus* 1529, 1976. Fem. Sg. *cele* 17, Pl. unbelegt. Dazu Nebenformen: Mask. Sg. N. *ichil* 3033; ferner die obl. Form *celui* 73, *chelui* 147 und Fem. Obl. *celi* 10128.

Von *ecce* + *hoc*, dem demonstrat. Neutrum, sind verschiedene Formen zu belegen: *ce* 89, *che* 29, *çou* 328, 661, 706 etc., *chou* 328, 1178 etc., *ceu* 7097, 9010. Endlich *içou* 62, *ichou* 5914.

4. **Relativpronomen.**

a) Unbetonte Form: Mask. *quel*, Fem. *quel*, *quele*, siehe Deklination der Adjektiva.

b) Betonte Form: α) Auf Personen bezüglich: Mask. Sg. N. *qui* 10, *ki* 2, *que* 7, 8, 88 etc.; Dat. *cui* (Hs. *qui*) 505, *que* 1654, 2498; Acc. *cui* (Hs. *qui*) 4116, *que* 1293. Mit Präpos. *en cui* 3981, *a cui* (Hs. *qui*) 4172. Pl. N. *qui* 41, *que* 2291, 4373, 4402; Dat. *cui* (Hs. *qui*) 4632; Acc. *cui* (Hs. *qui*) 4018, *qe* 1723. Fem. Sg. N. *qui* 599, *que* 425; Acc. *cui* (Hs. *qui*) 7994 etc.

---

[1] Vgl. Suchier, Auc., S. 67, 34.

Mit Präpos. *en cui* 4732, *por coi* 7908, *sor coi* 6797. Der Plur. stimmt mit dem Sg. überein.

β) Auf Sachen bezüglich: Mask. Sg. N. *que* 260, *ke* 574; die übrigen Kasus nicht belegt. Fem. Sg. N. *qui* 227, *c'* 553 (eine Zeile vorher ist anstatt des Pl. *les grandes cruautés* der Sg. einzusetzen). Neutr. N. *qui* 2513, Acc. *que* (Hs. *qe*) 2034.

5. Interrogativpronomen.

a) Unbetonte Form wie beim Relativum.
b) Betonte Form: Nom. *qui*, Dat. *cui* (Hs. *qui*) 4481, Acc. *cui* (Hs. *qui*) 81, 1078. Mit Präp. *de qui* 5034. Neutr. *que* (Hs. *qe*) 989, *c'* 743, *k'* 975.

6. Artikel.

Mask. Sg. Nom. *li; le* 244. Acc. *le; lou* 7111, 9042. In Verbindung mit Präpos.: *del* 1597, *dou* 644, *du* 778; *al* 267, *au* 668; *el* 64, *ou* 1245, *u* 581 etc. Plur. Nom. *li;* Acc. *les,* einmal auch *li*: 4015 *Et li serjant ont li harnas ostés.* Doch möchten wir hier lieber bessern, da nur Zerstreutheit des Schreibers die Stelle verdorben haben kann; vgl. auch 2428 *Kaïns . . . Que li siens frere mordri par malvaisté* und 3803 *Quant Auberons li miens cors aparla.* In Verbindung mit Präp.: *des* 36, *as* 161, 211, 215, *es* 304 etc. Raynaud[1] glaubt, dafs die Form *as* für *aus* gesetzt worden sei, um den Artikel vom Personalpronomen *aus* (für francisch *eus*) zu unterscheiden; aber *as* scheint auch in Gebieten vorzukommen, wo ‚*illos*' nicht *aus* ergab.

Fem. Sg. *la, le;* Belege auf jeder Seite. Indem so der männl. und weibl. Artikel im Acc. zusammenfielen[2], kam auch im Nom. eine Angleichung des letzteren an den ersteren zustande. Unser Denkmal weist folgende Fälle auf: *li dame* 557, *li clartés* 1965, *li vertus* 2062, *li fée* 3495, *li damoisele* 5887, *li acordance* 6221, *li sele* 6482, 7652, *li faus* 6541, *li tenpeste* 6835, *li tempeste* 7935, *li barbe* 10336. Von diesen 12 Fällen ist keiner für die ursprüngliche Sprache gesichert. Wohl schiene

---

[1] A. a. O., S. 343.
[2] Vgl. darüber G. Paris, Rom., VI, 617.

li acordance 6221 auf den Dichter zurückführbar; doch auch die Form *le* des weibl. Artikels duldet Hiatus,[1] so dafs die Silbenzahl hier die gleiche bliebe. Über die örtliche Ausbreitung dieser Formen *le* und *li* des weibl. Artikels ist zu bemerken, dafs erstere auf das eigentlich picard. Gebiet beschränkt ist, während letztere sich auch im Normannischen findet und bis nach Burgund hinabreicht.[2] Obgleich die Urkunden aus dem Ponthieu, welche Raynaud untersucht hat, nur *le* für den Nom. haben, ist es doch wahrscheinlich, dafs dieser Landstrich auch *li* gekannt hat; denn diese Nominativform ist herrschend in den Urkunden aus Vermandois, die Neumann bearbeitete, sie kommt auch in Artois und Tournai vor[3] und ist im Lothringischen fast einzig in Gebrauch.

Eine Zusammenziehung der Form *le* des Acc. Sg. Fem. mit den Präp. *de, a, en* findet nicht statt, vgl. *de le* 858, 1012, 1512; *a le* 14, 2385, 2878; blofs eine Ausnahme kommt vor: *al boucerie* 4032, durch das Metrum als dem Verfasser angehörig gesichert.[4] Diese Verschmelzung einer Präp. mit dem Sing. des weibl. Artikels ist nur auf picardischem Gebiete anzutreffen, vor dem XIII. Jahrhunderte aber nicht belegt, ja auch da noch selten.[5] Der Plur. *les* wird mit *de, a, en* zu *des, as, es* zusammengezogen.

V.
Konjugation.

1. Personen.

Die 1. Pers. Sing. Präs. Ind. u. Konj. der I. Konjugation ist meist noch ohne Endung, doch finden sich vereinzelt schon

---
[1] Vgl. Neumann, Afr. Laut- und Flexionsl., S. 121.
[2] Vgl. G. Paris, Rom., VI, 618; Förster, Z. f. d. öst. Gym., 1874, S. 136.
[3] Raynaud, a. a. O., S. 343; Link, a. a. O., S. 33.
[4] Vgl. darüber G. Paris, Rom., II, 4, und IV, 479; Tobler, Gött. gel. Anz., 1874, S. 1035, und Versbau, S. 32, A. 1.
[5] Vgl. Neumann, a. a. O., S. 119.

Formen mit analogischem (paragogischem) *e*: Ind. *paraime* * 1210, *proie* * 3312, *aimme* * 4494, * 10407, *doute* * 5312, *aime* * 6755, * 7701, * 9443, *cuide* * 7951, *souhaide* * 10363, und nicht gesichert: *aimme* 84, *jure* 1605, 1614, 1631, *souhaide* 4496, 6638, 6684, *desire* 4957, *ose* 5311, *fie* 6445, *garde* 7949, *ainme* 10442; Konj. *escape* * 828. Die 1. Pers. Sg. Präs. Ind. der anderen Konj. zeigt auch in der Regel noch die ursprüngliche Gestalt ohne *s*: *di* 1031, *sai* 1099, *croi* 1100, *plevi* 1394, *voi* 4956 etc., daneben schon *plevis* 1400, 1418, *crois* 2865 u. a. m. Die ersteren Formen gehören wohl dem Verfasser an, da nicht anzunehmen ist, dafs der Kopist eine jüngere Bildung durch eine ältere ersetzt habe; die an zweiter Stelle angeführten Beispiele sind wahrscheinlich auf Rechnung des Schreibers zu setzen.[1]

Die 1. Pers. Sg. Ind. des Präs. und Perf. aller Konjugationen geht öfters auf *c* aus: Präs. *demanc* 1306, *douc* 2139; *deffenc* 3724, *renc* 4508, *mec* 6317, *semonc* 9504; *menc* 1371, *hac* 2222, *senc* 3255, *repenc* 6920, *serc* 7279; Perf. *oc* (*habui*) 161, *poc* (*potui*) 115, *peuc* 9780, *soc* (*sapui*) 1116, *seuc* 1048; *duc* (*debui*) 8547, *connuc* 2966, *juc* (* *jecui*) 3074, *cruc* (* *crevui*) 3506; *couruc* 178; *vinc* (* *venui*) 1175, *voc* (*volui*) 9490 und *vauc* (*volui*) 134. Wie man sieht, sind die Fälle zahlreich, und doch wurde der Kürze halber nur je eine Belegstelle angeführt. Diesen Formen analog gebildet sind *vic* (*vidi*) 1117, *dic* (*dico*) 1633. Der Lautwert dieses *c* ist noch nicht sicher bestimmt. Suchier[2] hält es für palatal und weist auf Schreibungen mit *ch* (*commanch*), dann auf die lothr. Formen mit *z* (*cuiz*) hin; Förster[3] hingegen, und mit ihm stimmen Neumann[4] und Raynaud[5] überein, erblickt darin einen gutturalen Laut. Für letztere Ansicht sprechen Formen wie *apartieng* 482, *maing* (*maneo*) 2254 etc., doch ist Einflufs von *faic* 6117, 7945 schwer abzuweisen. Auf dem französischen Sprachgebiete ist diese Erscheinung eine Eigentümlichkeit der picard. Mundart; es kommen

---

[1] Die von Bächt (S. 28) angeführten Formen *paraimme* 310, *parainme* 4684 (3. Pers. Sg.) und *dois* 10464 (2. Pers. Sg.) gehören nicht hieher; *desire* 4957 ist nicht sicher.

[2] Jen. Lit.-Ztg., 1878, S. 474, u. Auc., S. 67, 35.

[3] Nachträge u. Verbesserungen zum Aiol, S. LI.

[4] Afr. Laut- und Flexionsl., S. 104.

[5] A. a. O., S. 344; dazu vgl. Knauer, Jahrb., XII, 157.

solche Bildungen aber auch im Provenzalischen, Italienischen und Spanischen vor.

Die 2. Pers. Sing. weicht von der centralen Mundart nur insofern ab, als auch die auf eine Dentalis auslautenden Stämme im Präs. Konj. der I. und Präs. Ind. der übrigen Konjugationen ein *s* (anstatt *z*) zeigen.

Die 3. Pers. Sing. tritt im Präs. Ind. der I. und häufig im Präs. und Perf. Ind. der übrigen Konjugationen ohne flexiv. *-t* auf, vgl. für das Präs. *o* (*audit*) 2810, *voi* 3631 etc., für das Perf. *abati* 778, *respondi* 820, *atendi* 833, *senti* 915 etc.

Die 1. Pers. Plur. Präs. lautet in der Regel *-ons;* vereinzelt *-on: descouvron* 9493, *acordon* 9971, *avon* 10044; *-ommes* blofs in *sommes* 7838 (*sonmens* 3332, 6138) und *venommes* 7305. Die 1. Pl. Präs. von *estre* lautet sonst *sons* 6805, 7834, 8513. Auch im Ponthieu ist *-ons* die gewöhnliche Form, nur *sommes, serommes* machen eine Ausnahme.[1] Die 1. Pl. Impf. Ind. und Kond. lautet *-iens, -iemes*, vgl. *deviens* 371, *aviens* 5919, *seriens* 4878 etc., *doutiemes* 3015, *estiemes* 5984 etc. Beide Endungen (*-iens, -iemes*) sind der picard. Mundart eigentümlich. In der 1. Plur. Präs. Konj. kommt *-iens* in unserem Texte nicht vor; vereinzelt *facieme* 6258.[2]

Die 2. Pers. Plur. lautet im Präs. und Fut. *-és* (bei den Verben auf- *ier* im Präs. *-iés*), im Impf. und Kond. *-iés*. Die Endung *-ois* findet sich nirgends. Einigemale ist Abfall des *s* zu bemerken, vgl. *conduisié* 2138, *presteré* 2383, *emprisoné* 6066, *cevauceré* 7802.

Die 3. Pers. Pl. gibt zu Bemerkungen keinen Anlafs.

2. Modi.

Der Ind. wie der Konj. Präs. der I. Konjugation hat meist noch die organische Form; die wenigen Ausnahmen wurden bereits namhaft gemacht. Zu erwähnen sind einige Eigentümlichkeiten im Konj., und zwar a) Doppelformen wie *aït* 697, 707, 821 neben *aïut* 2720, 3543; *doint* 9960, *pardoint* 2928 neben *doinst* 505, 674, *perdoinst* 5603; b) mundartliche Züge, z. B. *prenge* 3. Sg. 2102, 2237, *renge* 1. Sg. 2246, 3. Sg. 8755,

---

[1] Vgl. Raynaud, a. a. O., S. 345.   [2] Durch ein Versehen (vgl. auch Suchier, Auc., S. 66, 31) wurde diese Form S. 9 unter dem Impf. Ind. angeführt.

perges 2. Sg. 5390, *perge* 3. Sg. 9665, *pergiés* 3701, *meche* 3. Sg. 10495. Alle diese Bildungen sind auf Analogiewirkung zurückzuführen.

Die Endung des Impf. Konj. der I. Konjugation, *-aisse* etc., wurde bereits in der Lautlehre besprochen. Neben diesen weit verbreiteten Formen finden sich, auf sie zurückgehend, auch einige echt picard. Bildungen, wie *alissiés* 3299, 4687, *pardonnisssiés* 10348[1]. Eine weitere mundartliche Eigentümlichkeit ist die Erhaltung des intervokalischen *s* im Impf. Konj. der Verben der I. u. II. starken Konjugation: *fesisse* 5880, *fesist* 2673, *fesissiés* 7907, *fesissent* 9303 etc., neben *feïst* 10230; *desist* 843, *presist* 3729, 6780 etc.

Das Impf. Konj. der III. starken Konjugation zeigt *-usse* in der *habui-* und *debui-*Klasse, *-isse* in der *volui-*Klasse, vgl. a) α. *eusse* 448, *eust* 174, *eussent* 926, *seusse* 1049, *peusse* 2602, *pleust* 7727; β. *deust* 9777, *deussent* 9536, *geust* 9072; b) *venisse* 1346, *revenist* 763, *vosist* 2070, *tenist* 7057 etc. Nur zweimal läfst sich *-isse* für die *debui-*Klasse belegen: *creisse* 447, *creist* 3103. Wenn auch diese specifisch pic.-wallon. Formen nur ganz vereinzelt in unserem Denkmale stehen, so ist dies noch kein Beweis gegen seine Zugehörigkeit zu genanntem Sprachgebiete, denn auch in den Urkunden aus Vermandois, Amiens, dem Ponthieu und in Denkmälern aus Arras ist diese Endung nicht zu belegen.[2]

Bemerkenswert ist noch die Imperativform *boif* (*bïbe*) 7167 wegen des, ohne Zweifel schon früh stattgefundenen Überganges vom Verschlufslaut zum tönenden und dann (weil im Auslaut stehend) tonlosen Reibelaut.

3. Tempora.

Präsens. Mundartlich sind die Formen der 1. Sg. Präs. Ind. *ha ge* 6241, *o ge* 7068, *o je* 9364, *jou o* 9632. Die Möglichkeit, dafs in *o je* das *j* doppelte (einmal vokal. und dann konson.) Geltung haben könne, ist durch *jou o* und die Form *a=habeo* 9176, welche die Herausgeber mit Unrecht in *ai* bessern, ausgeschlossen. Dafs im Picardischen auch sonst gern *a* für *ai* und

---

[1] Vgl. Knauer, Jahrb., XII, 157.
[2] Vgl. Suchier, Z. f. r. Phil., II, 285.

o für *oi* steht, ist bereits in der Lautlehre erwähnt worden. Sonst sind noch Einzelheiten zu bemerken: die 3. Sg. Ind. *laist* 7751 (Anbildung an das bedeutungsverwandte *fait*); *sait* 7098 (Anbildung an die 1. Sg. *sai*) neben gewöhnlicherem *set*; *vait* 1287 (analog zu *vai*) neben *va* 611, 704 etc.; *menguë* 3626, 4143, *menguënt* 6823, deren *g* (*ġ*) aus dem Inf. stammt, wo es berechtigt ist.

Imperfektum. Neben den herrschenden Endungen *-oie*, *-oies*, *-oit etc.* findet sich einmal *-eies: quereies* 4253. Von *-abam* ist kein Vertreter anzutreffen. Mundartlich sind *-iens*, *-iemes* in der 1. Plur. und *-iés* in der 2. Pl. insofern, als *ie* einsilbig ist. Das Impf. von *estre* erscheint nur einmal mit diphthongiertem Tonvokal: *iert* 2749, sonst *ert* 3688, 4774, 4812 etc. in Assonanz mit *c* aus lat. *a*; daneben schon *estoie* 1. Sg. 2517.

Perfektum. Bei den schwachen Perf. findet sich ein bemerkenswerter Fall von Analogiewirkung: *dessendurent* 9386 neben *dessendi* 906, *descendirent* 9615; es ist der betonte Vokal vom Partic. in das Perf. übertragen worden. Ein Latinismus ist *engenuï* (3. Sg.) 628, 1637. Die starken Perf. weisen mehrere Eigentümlichkeiten auf. In der I. und II. Konjugation ist das intervokalische *s* noch erhalten, vgl. *fesis* 1519, *fesimes* 10293, *fesistes* 1941 (neben *feïstes* 10251); *desis* 4468, *tramesis* 10040, *presimes* 10294, *ocesimes* 10307 etc., und die 3. Plur. *fisent* 180, *misent* 2828, 3800 etc., nach Analogie dieser endungsbetonten Formen gebildet. Wie hier der Konsonant, so wurde in der III. starken Konjugation der vortonige Vokal der endungsbetonten Formen bereits öfters in die stammbetonten Personen übertragen, vgl. die *habui*-Klasse: 1. Sing. *oi* 123, *oc* 161, *eu* 6946, *euc* 7873, 3. Sg. *ot* 133, *eut* 9071; 1. Sg. *soi* 3866, *soc* 1116, *seuc* 1048, 3. Sg. *sot* 318, 3. Pl. *sorent* 2830, *seurent* 339; 1. Sg. *poi* 1391, *poc* 115, *peuc* 9780, 3. Sg. *pot* 765; 3. Sg. *teut* 5530, 3. Pl. *teurent* 9081 etc. Die *debui*-Klasse bietet keine einzige *diu*-Form, vgl. *dui* 9719, *duc* 8547, *dut* 2395, *durent* 1696 etc., ebenso *perçut* 657, *reçut* 2854, *lut* (*leguit) 2713, *lut* (*licuit*) 2162, *but* 5548, *jut* 1139, *cruc* (*crevui, cl. *crēvi*) 3506, *cri* (*credui für *credidi*) 3295. Liegt dieser letzteren Form *criu* oder *crui* zugrunde? Vielleicht doch ersteres, denn das Vorkommen der einsilbigen Part. Perf. dieser Klasse zeigt, dafs dergleichen Bildungen dem Dichter nicht fremd waren. In den Assonanzen kommen Perf. der *debui*-Klasse nicht vor. Die Perf. der *valui*-Klasse bieten nichts Bemerkenswertes; jene der *volui*-Klasse, z. B. *voc* 9490, *vot* 377, *vaurent* 327; *vin* 1139, *vinc* 1175 etc., wurden schon gelegentlich besprochen.

Futurum. Vielfach findet in der I. Konjugation Ausfall des *e* (aus lat. *a*) der Infinitivendung statt, wodurch der oder die stammhaften Konsonanten mit *r* in unmittelbare Verbindung treten; und da die Mundart unseres Denkmals Einschub eines Hilfskonsonanten nicht liebt, so werden die schweren Gruppen durch Assimilation oder Ausstofsung erleichtert. Stammauslaut *n: donrai* 954, *donra* 2657, *donrons* 6886, *donrés* 7587, *menrai* 8113, *menrés* 8894, *menront* 6737 etc. Assimilation der Kons. fand statt in *enmerrés* 6692, *ramerrés* 7891, *enmerront* 4154, und Vereinfachung der Gemination in *enmerés* 4181. Stammauslaut *r: jurrai* 1398; *l: parrai* 2227 (aus *parlrai*); *d: aidrai* 6651, *aidrons* 66, *demandra* 5986; *t: portront* 5139; vok. auslautender Stamm: *esmaïrés* 3285. Nicht eigentlich hieherzurechnen ist *lairai* 515, *lairons* 4125, *lairés* 4425 etc., da sich bei diesem Zeitworte andere Einflüsse geltend machen. Attraktion des stammhaften Konsonanten, bisweilen auch Vereinfachung der so entstandenen Gemination, liegt vor in *enterrai* 1431, *enterra* 1449, *juerrai* 1600, *deliverra* 4327, *conperra* 5513 etc.; *entera* 5511, *enterés* 4886, *renteront* 8356, *mosterai* 5517.[1]

Im Gegensatz zu diesem Ausfall des *e* in der I. findet im Futurum der den lat. II. und III. entsprechenden Konjugationen oft Einschub dieses Vokals statt, vgl. *averai* 7619, *averas* 3477, *avera* 3237, *averés* 710, *averont* 454, *deverés* 8898 etc.; *renderai* 692, *rendera* 6983, *saverai* 830, *saverés* 7556, *meterai*, 952, *metera* 5557, *perderai* 2290, *atenderés* 3705, *beverés* 7803 etc. Der Belege wären soviele, dafs man diese Bildungen als die herrschenden bezeichnen könnte. Der Seltenheit wegen seien nur noch *isterons* 6738, 8901, *isterés* 7608 verzeichnet. Nach

---

[1] Vgl. darüber Mussafia, Z. f. d. öst. Gym., 1877, S. 204; Knauer-Jahrb., XII, 172 ff.

Neumann[1] und Raynaud[2] ist die Ursache des Eintritts von *e* in den angeführten Formen rein phonetischer Natur, doch dürfte gleichzeitiger Einflufs des Futurums der I. Konjugation kaum geleugnet werden. Hinsichtlich der örtlichen Verbreitung dieser Formen ist zu bemerken, dafs sie besonders häufig im picard. Sprachgebiete auftreten, ohne jedoch ein charakteristischer Zug dieser Mundart zu sein; bezeichnend dafür ist jedoch, dafs dieser eingeschobene Vokal hier als Silbe gezählt wird, was im Normannischen, Francischen und Lothringischen nicht geschieht.

Vom Konditionale gilt dasselbe, was eben über das Fut. gesagt wurde. Beispiele: *a*) Ausfall: *doutroit* 4870, *donroie* 6355, *gardroie* 6928, *menroient* 9193; mit Assimilation *amerroit* 5158, *enmerriés* 5893; aber blofse Attraktion der Konsonanten unter Erhaltung des Zwischenvokals: *enteroit* 8939; *b*) Einschub: *averoit* 2280, *deveroit* 9096, *renderoit* 1110, *prenderions* 8606.

Participium. Vor allem interessieren hier die Part. Perf. der *debui*- und *nocui*-Klasse: *but* 50, 3689, 10233, *conçus* 3497, 4829, und *mut* 97, *connut* 4390, 5519, *reconnut* 6218. Sie stehen alle im Versinnern, müssen aber, weil metrisch gesichert, dem Verfasser zugesprochen werden. Wir würden allerdings *biut*, *concius* erwarten, denn es sind unzweifelhaft *diu*-Formen; indessen konnte der Schreiber, der sie nicht verwenden mochte, den ursprünglichen Lautbestand abgeändert haben. Es sind diese Partic., wie schon auf S. 12 hervorgehoben wurde, Anbildungen an die stammbetonten Formen des Perfektums. Dieser wie der umgekehrte Vorgang sind nichts Unerhörtes. Wir verweisen in unserem Denkmale auf das Part. *nasquis* 840 und andererseits auf das schon einmal genannte Perf. *dessendurent* 9386. Nebenbei sei das gleichzeitige Vorkommen der gemeinfrz. Formen *bëu* 3639, *mëus* 9223 etc. bemerkt.

Eine seltsame Bildung ist das Part. *arestëus* 9238 in *u*-Assonanz. Dieses Zeitwort bildet wie das Simplex *stare* sein Perfektum auch stark nach der *ui*-Klasse, so dafs ein nach derselben Konjugation gebildetes Part. schliefslich auch zu verstehen ist.¹ Ein solches Schwanken zwischen zwei Konjugationen zeigen auch die Part. *rasotis* 2235 in *i*- und *rasotés* 2271 in *e*-Assonanz. An die Form des lat. Perfekts lehnt sich die der Kirchensprache entnommene Participialbildung *resurexis* 1542 an, die nicht ganz verstanden wurde. Infinitiv. Die Form *aidir* 851, eine speciell picard. Bildung, ist bereits S. 41 besprochen worden. Auch die nachstehenden, gleichfalls in *i*-Assonanz befindlichen Infinitive weisen auf pic. Gebiet: *caïr* 1416, *veïr* 729, 1239, 1521, *seïr* 1015, 1069, 1269 etc. Im Versinnern stehen *caïr* 1123, *veïr* 9780, hier aber sonst immer die centralfrz. Formen *veoir* 829, *seoir* 6330 etc., die in der Assonanz nicht vorkommen.

Nachdem wir eine Einzeluntersuchung der Sprache von Huon de Bordeaux gegeben haben, sollen die charakteristischen Züge der überlieferten sowohl als der ursprünglichen Mundart in einer übersichtlichen Zusammenstellung nochmals kurz vorgeführt werden.

Überlieferte Mundart.

1. Die Ausgänge -*an* + Kons. und -*en* + Kons. werden im Innern der Verse geschieden, in den Assonanzwörtern bisweilen mit einander vertauscht; einige Wörter auf etymol. *an* werden mit *en* geschrieben, was für die picard. Mundart bezeichnend ist (vgl. S. 26).²

2. Die Schreibung *an* in Wörtern auf etymol. *en* spricht gegen wallon. Herkunft (vgl. S. 27).

3. Das Suffix -*aticum* erscheint öfter in der mundartlichen Gestalt -*aige* als in der gemeinfrz. -*age;* das numerische Verhältnis beider zu einander ist 79 : 27. Trotz der Ausbreitung der ersteren Form über den ganzen Norden ist sie doch in Vermandois und im Ponthieu recht selten (vgl. S. 30 ff.).

---

[1] Nach Suchier ist *arestit* in Auc. 29, 5 ein vom Schreiber verdorbenes *arestiut*, das unsere Form stützen würde; vgl. Auc., S. 72, und Förster, Anmerk. zu Aiol, V. 915.

[2] Die in Parenthese beigefügten Zahlen verweisen im folgenden auf diejenige Seite unserer Abhandlung, wo über die betreffende Erscheinung ausführlicher gehandelt wurde und Belege gegeben sind.

4. Betontes lat. é, í vor Nasalis entwickelt sich zu *ai*, eine Eigentümlichkeit des Picardischen (vgl. S. 34 ff.).

5. Betontes lat. é + I ergibt in unserem Gedichte *i*, womit es sich pic. und centralfrz. Denkmälern an die Seite stellt, gegenüber norman., welche *ie*, und wallon., die *ei* als Entsprechung haben (vgl. S. 36).

6. Dem lat. Positions-é entspricht bisweilen der Diphthong *ie*, was für das Flandrische bezeichnend ist, dagegen in Artois weniger häufig und im Ponthieu und in Lothringen nur vereinzelt vorkommt (vgl. S. 37).

7. Der Ausgang -*ivus* erscheint als -*is*, die Ausgänge -*ilis* und -*ilius* ebenfalls als -*is*, doch öfter in der picard. Gestalt -*ius* oder -*ieus;* die Ausgänge -*éls*, -*éus* zeigen neben der gewöhnlichen Entsprechung -*ieus* auch das picard. -*ius* (vgl. S. 38 ff.).

8. Die Ausgänge -*éll* + Kons. und -*íll* + Kons. haben *iau* als Entsprechung; hiedurch unterscheidet sich die pic. von der wallon. Mundart, welch letztere *ea* bei Ausfall des gedeckten *l* zeigt (vgl. S. 52).

9. Lat. -*ĭll* + Kons. und -*ĭl̄* + Kons.[1] ergeben als Nebenformen auch *au* + Kons. (vgl. S. 50 ff.).

10. Lat. ŏ + I ergibt *ui*, worin das Picard. mit dem Centralfrz. übereinstimmt, während das Wallon. und Ostfranzösische *oi* zeigen. Nur einmal hat auch unser Denkmal diese Vertretung: *oile* 3265, 3350 (vgl. S. 55).

11. Lat. -ŏl + Kons. ergibt -*au* + Kons., welcher Lautwandel auf das picardisch-wall. Gebiet beschränkt ist (vgl. S. 46 ff.).

12. Hie und da kommt Reduktion von *ai* und *au* zu *a*, von *iau* zu *ia* vor (vgl. S. 33 ff.).

13. Der Diphthong *ie* wird bisweilen zu *i*, der Triphthong *iée* zu *íe* reduziert, was auf den Norden oder Nordosten Frankreichs hinweist (vgl. S. 56 ff.).

14. Der Diphthong *oi* wird bisweilen zu *o* reduziert, ein besonders häufig im Ostfranzösischen, aber auch im Norden beobachteter Vorgang (vgl. S. 47).

---

[1] Das Zeichen l̄ bedeute hier nicht mouill. *l*, sondern die lat. Grundlagen desselben.

15. Die Diphthonge *ai, ei, oi* ergeben in vortoniger Stellung bei folgendem palatalen Konsonanten öfters einfaches *i*, was als eine Eigentümlichkeit der pic., wall. und lothr. Mundart gilt (vgl. S. 64).

16. Ferners sind einzelne Wörter mit mundartlichem Gepräge anzuführen, welche unter keinen der vorangehenden Paragraphen eingereiht werden können, z. B. *fu (focus)* 1546, *ju (jocus)* 5405, *lupart* 595, *mençoigne* 1399, 3700, 5389, *infer* 1958, 2021, 5112 etc. (vgl. S. 33, 47 und 59).

17. *L* (und *l̄*) + Kons. erscheint bereits durch *u* vertreten; im Wallon. hingegen ist Ausfall dieses Kons. ohne Hinterlassung einer Spur Regel (vgl. S. 65).

18. Die häufig vorkommende Umstellung von Kons. + *er* zu Kons. + *re* in unbetonter Silbe ist picardisch (vgl. S. 66).

19. Die Vereinfachung des geminierten *r* ist eine pic. Eigentümlichkeit (vgl. S. 66).

20. Es ist für unser Gedicht, wie für Denkmäler der Picardie und des Ostens überhaupt, bezeichnend, dafs zwischen *nr, lr,* bisweilen auch zwischen *ml, nl* kein Hilfskonsonant eingeschoben wird (vgl. S. 67).

21. *M* und *n* werden hinter Vokalen und Diphthongen bisweilen verdoppelt (vgl. S. 67).

22. Die gestützte Dentalis in *ent (inde)* und die ungestützte in Substant. auf *-tié* und im Partic. Pf. ist vielfach noch erhalten, was der pic., wall. und lothr. Mundart eigen ist (vgl. S. 69).

23. Für dieselbe mundartliche Gruppe sind die Formen der 3. Plur. Perf. auf *-sent*, wo andere Mundarten *-strent* oder *-sdrent* haben, charakteristisch (vgl. S. 70).

24. Erhaltung des intervokal. *s* in den endungsbetonten Formen der starken Perf. *fesis, desis, presimes* etc. ist picardisch (vgl. S. 91).

25. Stimmloses *s* wird oft durch einfaches, stimmhaftes durch *ss* dargestellt, was im Lothring. gang und gäbe ist, aber auch aufserhalb dieses Gebietes vorkommt (vgl. S. 69).

26. Betonter lat. Vok. + *-cem* ergibt Vok. + *-is* : *pais* 21 (vgl. S. 70).

27. Lat. *t + s = s*, eine speciell pic. Eigentümlichkeit, wodurch sich diese Mundart von der wall. unterscheidet. Das

Zeichen *z* findet sich nur in den Tiraden 7097 ff. und 7101 ff., die auch sonst Fremdartiges an sich haben (vgl. S. 70).

28. Die gutt. Media *g* ist vor den Vertretern des lat. *a* als velarer Laut erhalten; die Schreibung *ge, gi* anstatt *gue, gui* (oder *ghe, ghi*) ist ein pic. Zug, der dem Wall. abgeht (vgl. S. 71).

29. Die guttur. Tenuis *c* vor den Vertretern des lat. *a* ist gleichfalls in ihrer ursprünglichen Qualität erhalten, wie aus der Schreibung (*c, k* und *qu* gegenüber vereinzeltem *ch*) ersichtlich ist. Unser Text ist also in dieser Beziehung ein pic. Denkmal strengster Observanz; er verhält sich so, wie z. B. Aucassin, dessen Handschrift aus Artois oder dem Ponthieu stammt, und wie die Urkunden aus Vermandois, während dem Wallonischen dieser Zug abgeht (vgl. S. 72 ff.).

30. Lat. *c* vor ursprünglichem *e* oder *i* und Kons. *ti* vor Vokal ergeben einen palatalen Laut, der durch *c* oder *ch*, manchmal auch durch *ç* dargestellt wird; diese Lautgestaltung ist für die pic. Mundart im engeren Sinne charakteristisch (vgl. S. 73 ff.).

31. Der Konsonant *c* (dessen palatale Aussprache nicht sicher ist) vertritt oft eine auslautende Dentalis, bisweilen auch ein gemeinfrz. *s* : *tierc* 483, *brac* 868, *fauc* 5004. Es ist dies eine picard. Eigentümlichkeit (vgl. S. 74).

32. Der weiche Verschlufslaut *b* wird vor *l* gern zum Reibelaut und schwindet bisweilen; der harte Verschlufslaut *p* geht vor Kons. manchmal in *u* über und schwindet ebenfalls hie und da (vgl. S. 75).

33. Die mask. Substantiva persönl. Begriffes mit eigener Nominativform nehmen in den meisten Fällen schon das analogische *s* an, ebenso *pere, frere* und die Eigennamen (vgl. S. 77 ff.).

34. Die fem. Substantiva der 3. lat. Deklination, welche auf einen betonten Vokal oder einen Konson. endigen, haben ausnahmslos *s* im Nomin. Sg. (vgl. S. 79).

35. Die Adjektiva, welche im Lat. für Mask. und Fem. nur eine Endung hatten, zeigen schon öfters eine eigene Form für das weibl. Geschlecht (vgl. S. 80).

36. Die 1. Pers. Sg. des Personalpronomens lautet im Nom. *jou* neben *je*; die längere Erhaltung der ersteren Form gilt als picard. Zug (vgl. S. 81).

37. Die 2. Pers. Sg. des Personalpron. lautet im Nom. neben *tu* auch *te*, welch letztere Form als eines der Hauptmerkmale der pic. Mundart angesehen wird (vgl. S. 82).

38. Der Accus. Sg. des unbetonten Personalpron. der 3. Pers. Fem. ist immer *le*, eine im Picardischen heimische Form (vgl. S. 82).

39. Das betonte Personalpron. der 1. Pers. Sg. lautet im obl. Kasus *moi;* zweimal steht *mi* im Versinnern. Die 2. Sg. ist *toi*, die 3. schon *li* neben *lui;* wenigstens ist es wahrscheinlich, dafs die beiden in *i*-Assonanzen stehenden Formen (853 und 1379) dem Schreiber angehören (vgl. S. 82 ff.).

40. Die 3. Pers. Plur. Mask. des betonten Personalpron. im obl. Kasus ist *aus* neben *eus;* die erstere Form ist picardisch (vgl. S. 83).

41. Die unbetonten Formen des mask. Possessivpron. im Obl. des Sing. sind neben gewöhnl. *mon, ton, son* auch *men*, (*ten* nicht belegt), *sen;* die des Fem. Sg. neben *ma, ta, sa* auch *me, te, se.* Diese wie jene sind picardisch (vgl. S. 83).

42. Das Demonstrativpron. des Nom. Sg. Mask. lautet *cis, chis* neben *cieus, chieus;* beide Bildungen sind für das pic.-wall. Gebiet bezeichnend. Der Plur. dieses Pron. lautet im obl. Kasus *ciaus, chiaus* und *çaus*, welche Formen gleichfalls pic. sind (vgl. S. 85).

43. Der bestimmte Artikel Nom. Sg. Mask. ist *li* (*le* 244); Acc. *le* (*lou* 7111, 9042); mit Präpos. zusammengezogen *del, dou, du; el, ou, u* etc., welche Formen als pic. gelten. — Fem. Sg. *la* und *le*, im Nom. zwölfmal auch *li* (vgl. S. 86).

44. Die 1. Sg. Präs. Ind. und Konj. der I. Konjugation erscheint schon hie und da mit analog. *e* (vgl. S. 87).

45. Die 1. Sg. Präs. Ind. und Perf. hat öfters *c* im Auslaut, welches bei einigen ein *i* vertritt und dann lautgesetzlich ist, bei anderen, infolge von Analogie dazu, an Stelle einer Dentalis steht. Dies ist eine für das Pic. charakteristische Erscheinung (vgl. S. 88).

46. Die stammbetonten Formen der *habui*-Perfecta zeigen als weiteren mundartlichen Zug neben *o* auch *eu* (vgl. S. 91).

47. Das Impf. des Ind. zeigt die Endungen *-oie, -oies, -oit* etc., aber *quereies* 4253 (vgl. S. 91).

48. Der Konj. Präs. der Verba auf *-cam* hat auch andere Verba nach sich gezogen: *prenge* 2002, *perges* 5390, *meche* 10495, lauter echt pic. Bildungen (vgl. S. 89 ff.).

49. Das Impf. Konj. der I. schwachen Konjugation hat die Endung *-aisse*, das der III. starken Konjugation (*habui-* und *debui*-Klasse) *-usse*, aber *creïsse* 447, *creïst* 3103 (vgl. S. 90).

50. Neben den gewöhnlichen Formen des Infin. *veoir, seoir* stehen die mundartlichen *caïr* 1123, *veïr* 9780 (vgl. S. 94). Die meisten dieser mundartlichen Züge weisen auf den Norden hin; einige kommen auch in Denkmälern des Nordostens vor. Vereinzelt stehen die den östlichen Mundarten angehörigen Züge: *poinne* 7092 neben *paines* 5441, 7265; *mervoilles* 9006 neben *merveles* 3278, *mervele* 3330, 3951; *lai* 7104, 7105, *sai* 7105 und *a = habeo* 9176, wenngleich Ähnliches auch im Pic. und Wallon. nachzuweisen ist; die Schreibung *s* für *c, ch* in *siel* 575, *sele* 5556, *sai* 7105 einerseits und für stimmlose Sibilans andrerseits, während die stimmhafte durch geminiertes *s* bezeichnet wird; die Form *i* für *il* 864, 2716, die Fut. *sarai* 3130, 3135, *sarés* 468 etc., das Überwiegen von *-aige* über *-age* u. a. m., wogegen die Vertretung des Hiatus-*e* durch *a* in *faerie* 3651, *vaer* 5157 etc. auch in pic. und norm. Denkmälern nachgewiesen ist.[1] Eine weitere Aufzählung von hie und da eingestreuten lothr. oder burg. Sprachformen können wir uns erlassen, denn selbst in ihrer Gesamtzahl sind sie zu verschwindend, um die Annahme eines burgundischen Schreibers wahrscheinlich zu machen. Ihnen steht einerseits eine grofse Zahl von Merkmalen gegenüber, die blofs im Norden nachgewiesen sind; dann fehlt vor allem der charakteristische Zug der östlichen Mundarten, die Entwicklung des betonten lat. *a* in freier Stellung zu *ei*. Dieser Diphthong findet sich aufserhalb Burgunds, Lothringens und der Champagne auch im Wallonischen, in Vermandois, Hennegau und Flandern, also dem ganzen östlichen Striche der Picardie bis zum höchsten französischen Norden,[2] während er in unserem Denkmal gänzlich fehlt. Dies weist auf

---

[1] Vgl. dagegen Bächt S. 34.
[2] Vgl. Suchier, Z. f. r. Phil., II, 276; Neumann, a. a. O., S. 15—18, und Wilmotte, Rom., XVII, 554.

Artois oder den Ponthieu, wo er nicht belegt ist, als die Heimat des Kopisten. Der sogenannte Münchner Brut, dessen Verfasser und Schreiber unfern der picardisch-wallon. Grenze gewohnt haben werden,[1] hat hingegen diesen Diphthong sehr oft (vgl. Einltg., S. XXVII).

Ziehen wir also die Grenzen enger. Gegen das Wallonische sprechen besonders die Punkte 2, 5, 7, 8, 9, 10, 17, 27, 40, 47; für Artois und den Ponthieu aber 7, 8, 9, 26, 27, 28, 29, 30, 36, 37, 38, 40, 41, 48 und für dasselbe Gebiet oder Mittelfrankreich Punkt 5, 10, 47. Dabei führen wir blofs Kennzeichen an, welche so ziemlich verläfslich sind, während viele andere Züge noch nicht auf kleinere Gebiete lokalisiert werden können. Wo die westliche Grenze unserer Mundart zu ziehen sein wird, zeigen besonders deutlich die Punkte 4, 5, 10 und 47, die mit dem Charakter des Normannischen nicht in Einklang gebracht werden können. Bei einer Abgrenzung des durch die überlieferte Mundart repräsentierten Gebietes nach Süden, wenn eine solche noch nötig schiene, wären mit Ausnahme von 5, 10, 17, 33, 34, 35, 44, 47 alle übrigen Punkte als schon aufserhalb desselben liegende Erscheinungen anzuführen. Die südpicard. Mundart von Vermandois ist nach dem oben Gesagten ebenfalls ausgeschlossen, so dafs als mögliche Heimat des Schreibers nur Artois und der Ponthieu übrig bleiben, welche ja mit geringem Unterschiede dieselben Züge aufweisen. Zwischen diesen beiden Gebieten auch noch eine Sprachgrenze aufzustellen, ist bei dem derzeitigen Stande der Dialektforschung noch nicht recht möglich; doch könnten vielleicht die Punkte 3 und 6, dann das öftere Vorkommen von *li* als Nom. des weibl. Artikels gegen ponthivinische Herkunft angeführt werden. In ersterem Punkte nähert sich die Sprache unserer Handschrift mehr dem Flandrischen: die Tirade XCVIII der 3. Redaktion des Alexiusliedes geht durchwegs auf *-aige* aus[2], während G. Raynaud in den Urkunden aus dem Ponthieu nur 2 Beispiele fand, die er für zufällig erklärt.[3] Was den anderen Punkt betrifft, die Diphthongierung des lat. Positions-*ĕ*, so stehen in unserem Denkmale eigentlich nur 5 solcher Bildungen; einige derselben kehren jedoch

[1] Vgl. Suchier, Z. f. r. Phil., II, 277.
[2] Vgl. G. Paris, S. 314 seiner Ausgabe.   [3] A. a. O., S. 19.

sehr häufig wieder, so dafs sich im ganzen über 70 Belegstellen anführen liefsen, während G. Raynaud in seinen Urkunden nur 2 Fälle antraf,[1] weshalb er erklären konnte, diese Diphthongierung sei der Mundart des Ponthieu fremd. Endlich zeigt unser Gedicht zwölfmal die Form *li* für den Nom. Sg. des weibl. Artikels, während sie im Ponthieu nicht nachgewiesen ist.[2] Aus diesen Gründen möchten wir die Heimat des Schreibers unserer Handschrift in Artois suchen, wo auch sonst reges litterarisches Leben herrschte.

Wenn man das öftere Vorkommen der Stadt Saint-Omer und die ihr zugedachte wichtige Rolle als etwas Ursprüngliches ansieht, so versteht man, dafs ein Spielmann aus jener Gegend mit der Abschrift und Verbreitung dieses Gedichtes vielleicht ein lokalpatriotisches Werk zu unternehmen glaubte; erblickte man aber in dem erwähnten Umstande eine Zuthat des Schreibers, so würde dies in um so höherem Mafse für enge Beziehungen desselben zur Stadt und den Grafen von Saint-Omer sprechen. Sprachlich wäre gegen diesen Ort nichts einzuwenden.

Ursprüngliche Mundart.

I. Der Vokal *a* ist mit *ai* gebunden: *fache, ymage, lignaige* etc., wonach *ai* als fallender Diphthong erschiene; es ist aber wahrscheinlicher, dafs die Tirade 1—19 ursprünglich blofs *a* hatte und die Formen mit *-aige* erst durch den Schreiber hineingetragen wurden (vgl. S. 30 ff.).

II. Von 9 Tiraden auf *-an* + Kons. sind nur 2 von entschiedener Vermischung frei; selbst in diesen könnte die Scheidung blofs Zufall sein, weil die Tiraden verhältnismäfsig kurz sind. Einmal erreicht die Zahl der Wörter auf *-en* + Kons. das Maximum von 12 % (vgl. S. 27).

III. Die einzige Tirade auf *-en* + Kons. hat unter 24 Assonanzwörtern nur eins auf *-an* + Kons. (vgl. S. 19).

---

[1] Einer dieser Fälle beweist wenig, da *ie* aufserhalb des Tones steht, vgl. a. a. O., S. 30.
[2] Vgl. Raynaud, a. a. O., S. 343, wo aber *li* irrtümlich als die ältere und *le* als die jüngere Form bezeichnet wird.

IV. Lat. $\acute{e}$ + l ergibt i, wodurch sich die Mundart unseres Dichters vom Normannischen einerseits und vom Wallonischen andererseits unterscheidet (vgl. S. 36).

V. Die Diphthongierung des bet. lat. Positions-$\check{e}$ ist der Sprache des Dichters fremd (vgl. S. 38).

VI. Die Ausgänge -$\bar{\imath}lis$, -$\bar{\imath}lius$, -$\bar{\imath}vus$ erscheinen in den Assonanzen als -is, nirgends mit den Produkten von -$\check{e}ls$, -$\check{e}us$ gebunden (vgl. S. 39).

VII. Der Vokal i in $aidir$ 851 entspricht gemeinfranz. ie (vgl. S. 41 ff.).

VIII. Vor gedeckter Nasalis hat i noch seinen oralen Klang, denn unter den 11 Tiraden auf -i ist nur eine einzige rein (vgl. S. 42). Die Aussprache des Vokals o in gleicher Stellung läfst sich nicht bestimmen.

IX. Der Diphthong ie im Auslaut oder vor beliebigem Kons. ist gebunden mit ie + Nasalis, was auf noch orale Aussprache deutet (vgl. S. 57).

X. Der fallende Diphthong $\acute{\imath}e$ entspricht franc. $i\acute{e}e$ und assoniert mit $\acute{\imath}$ + Kons. + e (vgl. S. 56).

XI. Der Diphthong oi aus bet. lat. $\bar{e}$, $\bar{\imath}$ assoniert nur mit sich selbst; die Frage, ob er mit oi aus lat. au + I assonieren kann, bleibt daher offen (vgl. S. 35).

XII. Hiatus-e vor betontem Vokal ist vielfach schon geschwunden (vgl. S. 11).

XIII. Als negativer Lautwandel ist schliefslich anzuführen, dafs e aus lat. a nirgends den Nachlaut i zeigt (vgl. S. 22).

XIV. Die männl. Substantiva persönlichen Begriffes der III. lat. Deklination haben im Nom. Sg. bisweilen schon analogisches s. Die Nominativformen *übe*, *ancestre* werden auch im Acc. verwendet, die obl. Formen *enfant, garçon, felon, compaignon, abé* hingegen im Nominativ; dasselbe gilt auch von den Eigennamen: *Karlon* als Nom., *Karle* (allerdings schon im Rolandsliede) als obl. Kasus (vgl. S. 77 ff.).

XV. Die Adjektiva, welche lat. für Mask. und Fem. einer Endung sind, haben hie und da schon eine eigene Form für das weibl. Geschlecht: *grande, douce, dolante, tele, quele* etc., welche aber schon in älteren Denkmälern zu belegen sind (vgl. S. 80).

XVI. Der weibl. Artikel und das unbetonte weibl. Personalpron. im Accus. der Einzahl lautet *le*, wie aus folgenden Kontraktionen hervorgeht: 1. Artikel mit der Präpos. *a* zu *al*; 2. Pronomen mit *ne* zu *nel*, mit *se* zu *sel* (vgl. S. 6 ff.).

XVII. Die 2. Sing. des Personalpron. lautet im Nominativ *tu* und *te*; letztere Form zeigt vor vokal. Anlaut Elision (739, 1279, 3451 etc.) und findet sich nur in picard. Denkmälern (vgl. S. 16).

XVIII. Die betonte Form des Personalpron. der 1. und 2. Sing. lautet im obl. Kasus *mi* und *ti* (vgl. S. 36).

XIX. Das mask. Possessivpron. der 1. Plur. lautet in vortoniger Stellung und bei Einzahl des Besitztums im Nom. *nos*, im obl. Kasus *no;* bei Mehrzahl des Besitzers und Besitztums im Nom. *no*, obl. *nos;* im Femin. Sing. *no*, Plur. *nos*. Dasselbe gilt von der 2. Person: Mask. Sg. Nom. *vos*, obl. *vo;* Plur. Nom. *vo*, obl. *vos;* Fem. Sg. *vo*, Pl. *vos*. Daneben stehen die unverkürzten Formen (vgl. S. 84).

XX. Die 1. Sing. Präs. Ind. und Konj. der I. Konjugation tritt wohl meistenteils noch ohne *-e* auf, daneben stehen aber schon öfters analogische Formen. Das numerische Verhältnis jener älteren Formen zu diesen jüngeren ist 91 : 11; die Neubildungen machen also 12% aus. Es sind folgende gesicherte Fälle: 828, 1210, 3312, 4494, 5312, 6755, 7701, 7951, 9443, 10363, 10407 (vgl. S. 87 ff.).

XXI. Die 3. Sing. Präs. Ind. der I. Konjugation hat das flexivische *t* durchwegs abgeworfen; das *e* zählt vor vokal. Anlaut nicht mehr als Silbe (vgl. S. 14).

XXII. Die Endung der 1. Plur. Präs. Ind. ist *-ons*, einigemale *-on; -ommes* blofs in *venommes* 7305, *sommes* 7838, *sonmes* 3332, 6138 (vgl. S. 89).

XXIII. Die 1. und 2. Plur. Impf. Ind. und Kondit. haben die Endungen *-iens, -iemes* und *-iés*, wo *ie* nur als eine Silbe zählt. Ausnahmen kommen nur wenige vor (vgl. S. 9 ff.).

XXIV. Einige Verba der I. Konjugation werfen im Futur und Kond. das *e* (aus lat. *a*) vor *-r* aus, dagegen schieben mehrere der II. und III. lat. Konjug. in denselben Zeiten ein silbebildendes *e* ein; beide Arten von Bildungen weisen auf pic. oder wallon. Gebiet (vgl. S. 8).

XXV. Neben den gewöhnlichen Participialformen der *debui*-Klasse finden sich mehrere einsilbige, welche Bildungen wohl als *diu*-Formen anzusehen sind (vgl. S. 11 ff.).

XXVI. Die Infinitive *caïr, veïr, seïr* stehen in den Assonanzen ohne Nebenformen (vgl. S. 36).

Überblicken wir die Ergebnisse der Untersuchung, so finden wir eine Reihe von Erscheinungen, die wir bereits in der überlieferten Mundart angetroffen haben, in der Sprache des Dichters wieder. Die ursprüngliche und die überlieferte Mundart ist also im allgemeinen dieselbe. Bei der geringen Mannigfaltigkeit der Assonanz-Vokale bleiben jedoch manche wichtige Fragen ungelöst. So wissen wir nicht, welches in der Sprache des Verfassers die Vertretung von -*éll* + Kons. und -*ĭll* + Kons., dann von -*ŏl* + Kons. und *ŏ* + *I* gewesen wäre. Ferner vermissen wir in den Assonanzen einige charakteristische Merkmale des Dialekts, auf welchen viele andere Erscheinungen mit Bestimmtheit hinweisen. So fehlt die Diphthongierung des lat. Positions-*é*, die Gleichstellung der Ausgänge -*ĭl* + *s*, -*ĩl* + *s*, -*iv* + *s* mit -*él* + *s*, -*éus*, vor allem aber die Scheidung der Wörter auf betontes -*an* + Kons. und -*en* + Kons. u. a. m. Mit Rücksicht auf letzteren Umstand glaubt Haase die artesische Herkunft unseres Gedichtes in Abrede stellen zu müssen.[1] Es ist richtig, dafs im Picardischen und Wallonischen die beiden Ausgänge geschieden werden; in Urkunden aus diesen Gegenden wäre eine solche Vermischung undenkbar. Aber eine Dichtung aus der Zeit unseres Denkmals hält sich nur schwer von dem Einflusse der centralen Mundart fern. Auch die überlieferte Mundart, der man die Bezeichnung „picardisch" nicht wird streitig machen wollen, zeigt neben speciell dialektischen Zügen francische Sprachformen; konsequent sind überhaupt nur normannische Texte. Tobler bemerkt zum Aniel (S. XIX), dafs dieses artesische Denkmal verschiedene Sprachformen in einer Weise mischt, wie dies für die gesprochene Sprache nicht anzunehmen sei. Sollte ein ähnliches Verhältnis nicht auch bei unserem Texte

---

[1] A. a. O., S. 17.

verständlich sein? — Auch in den älteren Schichten des Aiol[1] und in Meraugis de Portlesguez, welch letzteres Gedicht allgemein dem pic. Dichter Raoul de Houdenc zugeschrieben wird,[2] findet entschiedene Vermischung von *-an* + Kons. und *-en* + Kons. statt, so dafs wir in der konstatierten Vermischung dieser beiden Ausgänge in unserem Gedichte noch keinen Beweis gegen picardische Herkunft erblicken können. Aus Punkt V geht nur hervor, dafs nicht Flandern die Heimat unseres Dichters ist, während Punkt VI für die centrale, aber nicht gegen picard. Mundart spricht.

Ist nun der Einwurf, dafs unser Denkmal in mehreren Punkten, wo eine ausgesprochen mundartliche Färbung zu erwarten stünde, mit dem Centralfranz. übereinstimmt, wenig beweisend; bleibt also trotz scheinbarer Widersprüche die Möglichkeit picard. Herkunft offen: so genügt der Hinweis auf die Punkte XVI, XVII, XIX, XXIII, XXIV, XXV, um zu zeigen, dafs nur der Norden Frankreichs, und zwar ein ziemlich eng begrenztes Gebiet desselben, in Betracht kommen kann.

Wenn von den mundartlichen Zügen in unserem Gedichte mehrere in der ganzen nördlichen Sprachprovinz anzutreffen sind, so haben einige andere wieder nur eine sehr beschränkte Verbreitung. Diese letzteren sind es, welche eine engere Lokalisierung des Denkmals ermöglichen. Da stehen Punkt XXIV und XXV in erster Linie: sie weisen auf das picardische oder wallonische Gebiet.[3] Zwischen diesen beiden eine Grenze zu ziehen, ermöglichen die Punkte IV, XVI, XVII, XIX,[4] wobei unser Denkmal in die westliche Hälfte fällt; mit Rücksicht auf Punkt XIII sind auch Flandern, Hennegau und Vermandois auszuschliefsen. Die Heimat unseres Dichters liegt also in Artois oder im Ponthieu. Auch zwischen diesen eine Scheidung vorzunehmen, fehlen uns sprachliche Anhaltspunkte. Man könnte wohl darauf hinweisen, dafs die Endung der 1. Plur. *-ommes* im

---

[1] Vgl. Förster, Einltg., S. XXXVI.
[2] Vgl. W. Zingerle, a. a. O., S. 13 ff.
[3] Vgl. Suchier, Jen. Lit.-Ztg., 1878, S. 473, und Z. f. r. Phil., II, 273—284.
[4] Vgl. Wilmotte, Rom., XVII, S. 566, Nr. 45.

Ponthieu nur bei *estre* belegt ist,[1] während Huon de B. neben *sommes* 7838 etc. auch eine Form *venommes* 7305 hat und darin sich mehr dem Flandrischen nähert:[2] aber ein Urteil, das sich auf eine einzige Form gründet, wäre höchst gewagt. Wenn daher Bächt S. 33 eine Scheidung des artesischen und ponthivinischen Sprachgebietes versucht und sich dabei blofs auf den Umstand stützt, dafs in Huon de B. einmal *ie* zu *i* reduziert wird (*aidir* 851), während im Ponthieu dergleichen nicht belegt ist oder von Raynaud nicht erwähnt wurde, so scheint uns dies bedenklich. Aus der Sprache des Dichters ergibt sich nur soviel mit Bestimmtheit, dafs seine Heimat in Artois oder im Ponthieu zu suchen ist.

Vielleicht bietet uns der Inhalt des Gedichtes eine Handhabe, um die Heimat des Verfassers noch genauer zu bestimmen. Die Herausgeber machen auf das häufige Vorkommen des Namens St-Omer aufmerksam,[3] und thatsächlich ist dies öfter der Fall, als man es selbst bei einem im Norden Frankreichs wohnenden Dichter erwarten würde. Dazu werden einige Grafen dieses Namens erwähnt, die mit Huon verwandt sind. Man vgl. die Stellen 64, 8503, 10062, wo St-Omer neben, ja vor den berühmtesten Städten des Landes genannt wird; ferner 2567—69, 2716, 2806, wo Garin de St-Omer als Vetter Huons und damit als Verwandter des Papstes hingestellt wird; dann 4831—33, wo die Gefangene des Riesen Orgilleus in Dunostre sich ganz unerwartet als Tochter des Grafen Guinemer von St-Omer und Cousine Huons entpuppt; schliefslich 9925, wo Henri de St-Omer als einer der zwölf Pairs und zu Gunsten Huons auftritt. Überall zeigen sich die Grafen als edel, grofsmütig und der Verwandtschaft mit dem Helden des Gedichtes würdig.

Es ist kaum ein blofser Zufall, dafs St-Omer in unserem Gedichte eine so grofse Rolle spielt. Wir möchten vielmehr darin eine bewufste Äufserung der Liebe zum Heimatsorte vonseiten des Dichters erblicken, dessen persönliche Eitelkeit in der Verherrlichung seiner engeren Landsleute eine Befriedigung fand,

---

[1] Vgl. Raynaud, a. a. O., S. 345.
[2] Vgl. G. Paris, Alex., S. 275.
[3] Vgl. Einleitg., S. XIII ff.

und welchem die glückliche Verbindung des Helden mit den Mächtigen seiner Heimat Beifall und Geschenke eintragen mufste. Dies könnte auch die Übereinstimmung der überlieferten Mundart mit der ursprünglichen erklären. Das Interesse dieser Gegend für Litteratur ist ja bekannt; in St-Omer speciell wurde die Boulogner-Handschrift der Enfances Guillaume geschrieben. Es dürfte also, im Gegensatze zu Bächt S. 34, dem eben erwähnten Umstande doch einige Bedeutung beigelegt und zum mindesten als sehr wahrscheinlich hingestellt werden müssen, dafs St-Omer die Heimat unseres Dichters ist, umsomehr als sprachlich kaum etwas dagegen vorgebracht werden kann.

Wenn wir hier neben sprachlichen auch innere, weniger verläfsliche Gründe berücksichtigen, und zwar als letztes Auskunftsmittel, wo erstere versagen, so geschieht dies im Hinblick auf die älteste uns bekannte Tradition, welche Huon von Bordeaux mit dem Grafen Guinemer in Verbindung bringt, einem Sohne des heil. Bertin, dessen Nachfolger in dieser Abtei die Gründer von St-Omer wurden.[1] Eine Tochter dieses Grafen Guinemer wird in der Sage die Geliebte Huons — in unserem Gedichte seine Cousine — und aus ihrer Vereinigung stammt ein Sohn, in welchem das Geschlecht derer von Bordeaux und von St-Omer verbunden erscheint. In Huon sahen die Bewohner von St-Omer also einen der Ihrigen, was den Dichter zur Bearbeitung des Stoffes und den Schreiber zur Verbreitung desselben anregen mochte.

Die Annahme, dafs unser Gedicht in einem daran direkt interessierten Orte, wie St-Omer es war, verfafst und abgeschrieben worden sei, hat demnach nichts Gezwungenes.

Abfassungszeit.

Die vorliegende Fassung ist nicht die ursprüngliche, sondern nur die Bearbeitung eines älteren, uns verloren gegangenen Gedichtes. Dies haben im Gegensatze zu den Herausgebern bereits

[1] Vgl. Stengel, Mitteilungen aus frz. Hss. der Turiner Univ. Bibl., 1873, S. 28a, und A. Longnon, L'élément historique de H. de B., Rom., VIII, 3 ff.

F. Wolf[1] und G. Paris[2] wahrscheinlich gemacht. Nach den Ausführungen Longnons ist es zweifellos, dafs unser Dichter die ursprüngliche Sage nach dem Geschmacke seiner Zeit umgestaltet und mit wunderbaren Abenteuern versetzt hat. Die älteste Fassung weifs nichts von einer Reise nach dem Oriente und dem abenteuerlichen Zwecke dieser Unternehmung, nichts von Auberon und dessen Zauberthaten: sie zeigt einen Vasallen, der vor dem Hasse des Kaisers fliehen mufs und sich in die Lombardei rettet, ein Motiv also, welches mehrfach verwertet erscheint. Es ist hier nicht unsere Aufgabe, weiter auf das Verhältnis unseres Gedichtes zur ursprünglichen Tradition einzugehen;[3] wir berühren dasselbe nur insoweit, als es einen Schlufs auf das ungefähre Alter unseres Denkmals ermöglicht.

Die Einführung des Wunderbaren in die Geschichte Huons ist auf den mächtigen Einflufs Christians von Troyes zurückzuführen. Trotzdem möchten wir die beiden Dichter nicht für Zeitgenossen halten, wie die Herausgeber (Préface, S. VII) es thun; denn die Sprache unseres Denkmals trägt ein jüngeres Gepräge. Eine verläfsliche Datierung kann nur auf Grund einer genauen sprachlichen Untersuchung gewonnen werden. Wie kommt es nun, dafs die vorgebrachten Meinungen so weit auseinander gehen? — Gröfser als ein halbes Jahrhundert ist der Spielraum, in welchem sich die verschiedenen Angaben über das Alter unseres Gedichtes bewegen. Die Herausgeber setzen die Entstehung in die Zeit von 1180—1200, eventuell zehn Jahre früher oder später (vgl. S. VIII); Gaston Paris ist gleichfalls für das XII. Jahrhundert,[4] Suchier für den Beginn des XIII., während Longnon und Bächt (S. 32) bis in die erste Hälfte der Regierungszeit Ludwig des Heiligen (1226—1270) herabgehen. Wir wollen versuchen, ob sich nicht doch ein genauer begrenzter Zeitraum feststellen läfst. Die Silbenzählung, ferner

---

[1] Denkschriften der kais. Akademie d. Wissenschaften in Wien, phil.-hist. Klasse, VIII, 180 ff.

[2] Revue germanique, XVI, 376.

[3] Vgl. aufser den genannten Arbeiten noch F. Lindner, Die Beziehungen Ortnits zu Huon de B., Rostock, 1873, und Hummel, Archiv f. d. Stud. d. n. Sprachen, LX, 294—342.

[4] Rom., VIII, 289.

der Stand der Deklination und Konjugation geben uns hiezu einige Anhaltspunkte.

A. Die feststehende Silbenzahl der Verse sichert folgende Kontraktionen: *jel, jes, nel, nes, sel, ses, quel, quis;* sie weisen auf das XII. Jahrhundert, und die beiden letztgenannten sind in der 2. Hälfte desselben schon selten, wenn auch noch später belegbar.[1] Dagegen ist die Verschmelzung des weibl. Artikels *le* mit Präp., wie *al* 4032, vor dem XIII. Jhdte. nicht nachgewiesen, ja auch da noch selten.[2]

B. Bereits auf das XIII. Jahrhdt. weist die Einsilbigkeit von *nient*, die Zweisilbigkeit von *diable*, das Verstummen des Hiatus -*e* vor betontem Vokal, das im Picard., Wallon. und Lothr. früher als im Centrum, aber auch dort erst seit Beginn des XIII. Jhdts. nachzuweisen ist.[3]

C. Die mask. Substantiva persönlichen Begriffes der 3. lat. Deklination mit festem sowohl als mit beweglichem Accente nehmen im Nom. Sing. schon öfters analog. *s* an, was allerdings bereits im XII. Jahrhdte. vorkommt; aber die Verwendung der Formen *übe* 9378 und *ancestre* 3538 als Obliquus und der obl. Formen *enfant* 1342, *garçons* 7526, *felon* 9484, *compaignon* 9519, *abés* 10475 als Nomin., dann auch das *s* in *barnages* 1588, 1598, *autres* 10063 deuten, obgleich die regelrechten Formen weitaus überwiegen, den Beginn des Verfalles der Deklination an. Vergleichen wir einige Denkmäler des XIII. Jahrhdts., die auch aus dem Norden stammen, mit unserem Gedichte: die 3. Redaktion des Alexiusliedes[4] hat noch kein einziges Beispiel eines solchen *s*; die aus derselben Gegend (Tournai) stammende Chronik Ph. Mouskets hat bereits dieses *s*, aber noch selten und nie bei *nostre, autre*[5]; die von Le Proux herausgegebenen Urkunden aus Vermandois (1218—1250) zeigen schon öfters analog. *s* im Nom., aber keine Vertauschung von *casus*

---

[1] Vgl. S. 7 unserer Abhandlung.
[2] Vgl. G. Paris, Rom., IV, 617, und Neumann, a. a. O., S. 119.
[3] Vgl. Suchier, Z. f. r. Phil., II, 271.
[4] Vgl. G. Paris, S. 274 seiner Ausgabe.
[5] Vgl. Th. Link, a. a. O., S. 29.

rectus und *obliquus*[1]: im Chev. as II espees, den Förster (Einltg. S. LXII) vor die Mitte des XIII. Jahrhdts. setzt, herrscht Schwanken, doch scheint der Dichter die Formen ohne *s* im Reime vorzuziehen; die Chartes du Ponthieu endlich (1254— 1333) haben meist *s*, doch finden sich bis zum Jahre 1283 noch Beispiele ohne dasselbe.[2]

D. Die lat. Adjectiva einer Endung für das Mask. und Fem. haben hie und da schon eine eigene weibliche Form, sämtliche Bildungen sind aber schon seit dem XII. Jhdte. oder früher nachgewiesen.

E. Die 1. Sing. Präs. Ind. und Konj. der 1. Konjug. hat bisweilen schon das sogen. paragogische *e*. Das Verhältnis der alten zu den jüngeren Formen ist 91 : 11. Diese Erscheinung ist schon seit Beginn des XIII. Jhdts. zu belegen, und Förster[3] warnt geradezu davor, diesem *e* eine zu späte Zeit des Auftretens zuzuweisen. Die Dichter schwanken in dem mehr oder minder häufigen Gebrauche der jüngeren Formen; oft ist das Bedürfnis nach einer gröfseren oder geringeren Silbenzahl ausschlaggebend. Der Prozentsatz der analogen Formen ist ein annähernder, aber kein unbedingt verläfslicher Mafsstab für das Alter eines Denkmals; zwei gleichzeitige Dichtungen aus ungefähr derselben Gegend weichen in dieser Beziehung oft mehr von einander ab als Werke, zwischen deren Entstehung ein Vierteljahrhundert verflossen ist. So hat die Chronik Mouskets noch keine Form mit *e*, Oktavian, den die Herausgeber in die Zeit von 1229—1244 setzen, nur eine, während der Veilchenroman (nach Fr. Michel zwischen 1225—1251 verfafst) schon das Verhältnis 5 : 1 oder 20% jüngere Formen zeigt. Die übrigen Denkmäler, welche Bächt S. 32 zur Vergleichung heranzieht, verhalten sich ähnlich. In den Gedichten Heinrichs III. von Brabant (1247—1260) ist das Verhältnis 10 : 1, in den Gedichten Berneviles, seines Zeitgenossen, 16 : 1 und in dem kurz nach 1248

---

[1] Vgl. Neumann, a. a. O., S. 115. Wenn Nom.-Formen von Eigennamen wie *Esterene, Lazre, Pierre* als Accus. verwendet werden, so ist das nicht so auffällig, weil dergleichen schon im Rol. vorkommt.

[2] Vgl. Raynaud, a. a. O., S. 336; er setzt das Auftreten dieses *s* aber erst in die Mitte des XIII. Jhdts., was entschieden zu spät ist.

[3] Z. f. d. öst. Gym., 1874, S. 158.

verfafsten Spiel vom heil. Nikolaus nur 31 : 1. Wie unsicher ein nur aus diesem Zahlenverhältnis gezogener Schlufs sein mufs, läfst sich leicht ermessen. Bächt, der die Fixierung unseres Denkmals innerhalb des XIII. Jhdts. einzig auf Grund dieser Verhältnisse vornimmt, hat nur ein Fünftel der Verse unseres Gedichtes (2000 von 10496) untersucht, was unter Umständen ein irriges Urteil zutage fördern kann, da begreiflicher Weise diese Formen nicht gleichmäfsig verteilt sind. Immerhin aber ist aus dem Verhältnisse 91 : 11 ersichtlich, dafs Huon de Bordeaux nicht schon im Anfange des XIII. Jahrhunderts gedichtet worden sein kann.

F. Das *e* der 3. Sing. Präs. Ind. der I. Konjugation zählt bei vokal. Anlaute des nächsten Wortes nirgends als Silbe, was wieder gegen das XII. Jahrhdt. (wenn auch vielleicht nicht gegen das Ende desselben, vgl. S. 14, A.) spricht.

Aus den angeführten Gründen müssen wir die Ansicht der Herausgeber über das Alter unseres Gedichtes für unhaltbar erklären. Wenn auch A vielleicht noch für das ausgehende XII. Jahrhundert oder eine wenig spätere Zeit spricht und nach B, D, F noch immer der Beginn des XIII. Jhdts. als Entstehungszeit angenommen werden könnte, so weisen doch C und E, also die Deklinations- und Konjugations-Verhältnisse, auf ein geringeres Alter hin. Dem gegenüber ist freilich zu berücksichtigen, dafs die metrische Gestalt eine altertümliche ist und mit der späten Zeit, in welche Longnon und Bächt das Denkmal versetzen wollen, nicht in Einklang gebracht werden kann. Soviel indessen scheint auch uns sicher, dafs die Abfassung nicht schon im ersten Jahrzehnt des XIII. Jahrhdts., sondern etwas später, aber noch innerhalb des ersten Viertels desselben stattgefunden hat.

Wie bei der Bestimmung der Heimat, so müssen wir auch bei der Feststellung der Abfassungszeit die Frage aufwerfen, ob nicht innere Gründe die durch eine Untersuchung der Sprache gewonnenen Resultate bestätigen oder widerlegen. So sei ein Umstand nicht unerwähnt gelassen, der eine gewisse Aufmerksamkeit verdient, wenn ihm vielleicht auch keine allzu grofse Bedeutung beizumessen ist. Es wird nämlich an zwei Stellen Acre, die Seefestung an der syrischen Küste, welche zur Zeit der Kreuzzüge eine so wichtige Rolle spielte, als der östlichste Grenzort des fränkischen Reiches hingestellt (V. 5709 u. 6405). Bis nach Acre sind alle Fürsten dem Kaiser Karl unterthan, und bis dorthin will der Sultan von Babylon den gefangenen Huon und seine Genossen nach ihrer Freilassung begleiten lassen, denn von dort aus könnten sie unbehelligt in ihre Heimat gelangen. Beide Stellen, scheint uns, wollen besagen, dafs Acre das am weitesten nach dem Oriente vorgeschobene Besitztum der Christen, von Frankreich aus die entfernteste, von Babylon gerechnet die nächstgelegene Stadt sei, gewissermafsen ein fränkischer Vorposten, dem Huon von den Heiden übergeben werden soll.

Sehen wir uns in der Geschichte der Kreuzzüge um. Acre wurde am 12. Juli 1191 von Richard Löwenherz wieder erobert und blieb bis zum 18. Mai 1291 in den Händen der Christen, während Jerusalem und der übrige Teil von Palästina vom Jahre 1187—1229 im Besitze der Ungläubigen war. In letzterem Jahre erlangte Kaiser Friedrich II. durch Vertrag die heiligen Orte und Jaffa nebst einem Küstenstrich für die Christen zurück; aber schon 1244 ging ihnen dieser Besitz mit Ausnahme von Acre wieder verloren. In der Zeit von 1191—1229 und von 1244—1291 war also Acre die einzige Besitzung der Christen im heil. Lande; als Sitz der Johanniter und durch ihre fast unzugängliche Lage hatte diese Veste eine grofse Bedeutung. Von diesen beiden Perioden ist aber die zweite abzuweisen, weil die Sprache unseres Denkmals unverkennbar ein älteres Gepräge trägt; bis in die Mitte der Regierungszeit Ludwig des Heiligen oder noch weiter würden wohl auch Longnon und Bächt nicht herabgehen. Mit der Zeit bis 1229 würde aber das Ergebnis der sprachlichen Untersuchung übereinstimmen, so dafs damit ein *terminus ad quem* gewonnen wäre. Wir können jedoch nicht unterlassen zu bemerken, dafs einerseits die mittelalterlichen Dichter sehr frei mit der Geographie[1] und Geschichte umsprangen und andererseits aus den betreffenden Stellen auch mehr herausgelesen werden kann, als sie besagen.

---
[1] Huon mufs z. B. über das rote Meer setzen, um auf dem „nächsten" Wege von Jerusalem nach Babylon zu gelangen, vgl. V. 2891, 3141, 5296, 5355 etc.

Fassen wir also die Ergebnisse der vorliegenden Arbeit dahin zusammen, daſs das Heldengedicht Huon de Bordeaux wohl nicht in das erste Jahrzehnt des XIII. Jhdts. hinaufreicht, aber noch innerhalb des ersten Viertels desselben in Saint-Omer verfaſst und in derselben Gegend um die Mitte des XIII. Jahrhunderts in der durch die Handschrift von Tours überlieferten Gestalt abgeschrieben worden ist.